insel taschenbuch 36

Hermann Hesse

Leben und Werk im Bild

Hermann Hesse, am 2. Juli 1877 in Calw, Württemberg, als Sohn eines baltendeutschen Missionars und einer württembergischen Missionarstochter geboren. 1946 ausgezeichnet mit dem Nobelpreis für Literatur, starb am 9. August 1962 in Montagnola bei Lugano.
Hermann Hesses Bücher, Romane, Erzählungen, Betrachtungen, Gedichte, politische, literatur- und kulturkritische Schriften sind mittlerweile in einer Auflage von mehr als 50 Millionen Exemplaren in aller Welt verbreitet und haben ihn zum meistgelesenen europäischen Autor des 20. Jahrhunderts in den USA und in Japan gemacht.
Dieses Taschenbuch stützt sich auf den 1960 im Suhrkamp Verlag erschienenen Bildband »Hermann Hesse, Eine Chronik in Bildern«, bearbeitet von Bernhard Zeller. Konnte diese umfassende Chronik die autobiographischen Ursprünge und Verflechtungen der Werke Hesses in allen Details nachzeichnen, so mußte sich die vorliegende knappere Dokumentation auf die Schwerpunkte beschränken. Andererseits bietet sie eine Fülle von unbekanntem, erst nach dem Tode Hesses im Nachlaß aufgefundenem bzw. neu zusammengetragenem Bild- und Textmaterial, das – neben der Darstellung der Werkgeschichte und der wichtigsten biographischen Stationen – Hesses Stellung innerhalb seiner Zeit und sein Verhältnis zu den wenigen, ihm an politischem Spürsinn und menschlicher Integrität vergleichbaren Kollegen und Zeitgenossen anschaulich macht.
Volker Michels, Jahrgang 1943, studierte, nach der Gymnasialzeit in der Schule Schloß Salem, in Freiburg/Breisgau und Mainz Medizin und Psychologie. Seit 1970 ist er Lektor für deutsche Literatur in Frankfurt am Main und Herausgeber u. a. der »Schriften zur Literatur«, »Lektüre für Minuten«, der Materialienbände zu den Hauptwerken Hesses und der dreibändigen Edition der »Gesammelten Briefe« von Hermann Hesse.

HERMANN HESSE LEBEN UND WERK IM BILD

Von Volker Michels
mit dem ›Kurzgefaßten Lebenslauf‹
von Hermann Hesse

Insel

insel taschenbuch 36
Vierte erweiterte Auflage 1977
45. bis 47. Tausend 1981

Vertrieb durch den Suhrkamp Taschenbuch Verlag
Satz: LibroSatz, Kriftel
Druck: Nomos Verlagsgesellschaft, Baden-Baden
Printed in Germany

KURZGEFASSTER LEBENSLAUF

Ich wurde geboren gegen das Ende der Neuzeit, kurz vor der beginnenden Wiederkehr des Mittelalters, im Zeichen des Schützen und von Jupiter freundlich bestrahlt. Meine Geburt geschah in früher Abendstunde an einem warmen Tag im Juli, und die Temperatur jener Stunde ist es, welche ich unbewußt mein Leben lang geliebt und gesucht und, wenn sie fehlte, schmerzlich entbehrt habe. Nie konnte ich in kalten Ländern leben, und alle freiwilligen Reisen meines Lebens waren nach Süden gerichtet. Ich war das Kind frommer Eltern, welche ich zärtlich liebte und noch zärtlicher geliebt hätte, wenn man mich nicht schon frühzeitig mit dem vierten Gebote bekannt gemacht hätte. Gebote aber haben leider stets eine fatale Wirkung auf mich gehabt, mochten sie noch so richtig und noch so gut gemeint sein – ich, der ich von Natur ein Lamm und lenksam bin wie eine Seifenblase, habe mich gegen Gebote jeder Art, zumal während meiner Jugendzeit, stets widerspenstig verhalten. Ich brauchte nur das »Du sollst« zu hören, so wendete sich alles in mir um, und ich wurde verstockt. Man kann sich denken, daß diese Eigenheit von großem und nachteiligem Einfluß auf meine Schuljahre geworden ist. Unsre Lehrer lehrten uns zwar in jenem amüsanten Lehrfach, das sie Weltgeschichte nannten, daß stets die Welt von solchen Menschen regiert und gelenkt und verändert worden war, welche sich ihr eigenes Gesetz gaben und mit den überkommenen Gesetzen brachen, und es wurde uns gesagt, daß diese Menschen verehrungswürdig seien. Allein dies war ebenso gelogen wie der ganze übrige Unterricht, denn wenn einer von uns, sei es nun in guter oder böser Meinung, einmal Mut zeigte und gegen irgendein Gebot, oder auch bloß gegen eine dumme Gewohnheit oder Mode protestierte, dann wurde er weder verehrt noch uns zum Vorbild empfohlen, sondern bestraft, verhöhnt und von der feigen Übermacht der Lehrer erdrückt. Zum Glück hatte ich das fürs Leben Wichtige und Wertvollste schon vor dem Beginn der Schuljahre gelernt: ich hatte wache, zarte und feine Sinne, auf die ich mich verlassen und aus denen ich viel Genuß ziehen konnte, und wenn ich auch später den Verlockungen der Metaphysik unheilbar erlag und sogar meine Sinne zuzeiten kasteit und vernachlässigt habe, ist doch die Atmosphäre einer zart ausgebildeten Sinnlichkeit, namentlich was Gesicht und Gehör betrifft, mir stets treu geblieben und spielt in meine Gedankenwelt, auch wo sie abstrakt scheint, lebendig mit hinein. Ich hatte also ein gewisses Rüstzeug fürs Leben, wie gesagt, mir längst schon vor dem Beginn der Schuljahre erworben. Ich wußte Bescheid in unsrer Vaterstadt, in den Hühnerhöfen und in den Wäldern, in den Obstgärten und in den Werkstätten der Handwerker, ich kannte die Bäume, Vögel und Schmetterlinge, konnte Lieder singen und durch die Zähne pfeifen, und sonst noch manches, was fürs Leben von Wert ist. Dazu kamen nun also die Schulwissenschaften hinzu, die mir leichtfielen und Spaß machten, namentlich fand ich ein wahres Vergnügen an der lateinischen Sprache und habe beinahe ebenso früh lateinische wie deutsche Verse gemacht. Die Kunst des Lügens und der Diplomatie verdanke ich dem zweiten Schuljahre, wo ein Präzeptor und ein Kollaborator mich in den Besitz dieser Fähigkeiten brachten, nachdem ich vorher in meiner kindlichen Offenheit und Vertrauensseligkeit ein Unglück ums andere über mich gebracht hatte. Diese beiden Erzieher klärten mich erfolgreich darüber auf, daß Ehrlichkeit und Wahrheitsliebe Eigenschaften waren, welche sie bei Schülern nicht suchten. Sie schrieben mir eine Untat zu, eine recht unbedeutende, die in der Klasse passiert war und an der ich völlig unschuldig war, und da sie mich nicht dazu bringen konnten, mich als Täter zu bekennen, wurde aus der Kleinigkeit ein Staatsprozeß, und die beiden folterten und prügelten mir zwar nicht das erhoffte Geständnis, wohl aber jeden Glauben an die Anständigkeit der Lehrerkaste aus. Zwar lernte ich, Gott sei Dank, mit der Zeit auch rechte und der Hochachtung würdige Lehrer kennen, aber der Schaden war geschehen und nicht nur mein Verhältnis zu den Schulmeistern, sondern auch das zu aller Autorität war verfälscht und verbittert. Im ganzen war ich in den sieben oder acht ersten Schuljahren ein guter Schüler, wenigstens saß ich stets unter den Ersten meiner Klasse. Erst mit dem Beginn jener Kämpfe, welche keinem erspart bleiben, der eine Persönlichkeit werden soll, kam ich mehr und mehr auch mit der Schule in Konflikt. Verstanden habe ich jene Kämpfe erst zwei Jahrzehnte später, damals waren sie einfach da und umgaben mich, wider meinen Willen, als ein furchtbares Unglück.

Die Sache war so: von meinem dreizehnten Jahr an war mir das eine klar, daß ich entweder ein Dichter oder gar nichts werden wolle. Zu dieser Klarheit kam aber allmählich eine andre, peinliche Einsicht. Man konnte Lehrer, Pfarrer, Arzt, Handwerker, Kaufmann, Postbeamter werden, auch Musiker, auch Maler oder Architekt, zu allen Berufen der Welt gab es einen Weg, gab es Vorbedingungen, gab es eine Schule, einen Unterricht für den Anfänger. Bloß für den Dichter gab es das nicht! Es war erlaubt und galt sogar für eine Ehre, ein Dichter zu sein: das heißt als Dichter erfolgreich und bekannt zu sein, meistens war man leider dann schon tot. Ein Dichter zu werden aber, das war unmöglich, es werden zu wollen, war eine Lächerlichkeit und Schande, wie ich sehr bald erfuhr. Rasch hatte ich gelernt, was aus der Situation zu lernen war: Dichter war etwas, was man bloß sein, nicht aber werden durfte. Ferner: Interesse für Dichtung und eigenes dichterisches Talent machte bei den Lehrern verdächtig, man wurde dafür entweder beargwöhnt oder verspottet, oft sogar tödlich beleidigt. Es war mit dem Dichter genauso wie es mit dem Helden war, und mit allen starken oder schönen, hochgemuten und nicht alltäglichen Gestalten und Bestrebungen: in der Vergangenheit waren sie herrlich, alle Schulbücher standen voll ihres Lobes, in der Gegenwart und Wirklichkeit aber haßte man sie, und vermutlich waren die Lehrer geradezu dazu angestellt und ausgebildet, um das Heranwachsen von famosen, freien Menschen und das Geschehen von großen, prächtigen Taten nach Möglichkeit zu verhindern. So sah ich zwischen mir und meinem fernen Ziel nichts als Abgründe liegen, alles wurde mir ungewiß, alles entwertet, nur das eine blieb stehen: daß ich Dichter werden wollte, ob es nun leicht oder schwer, lächerlich oder ehrenvoll sein mochte. Die äußeren Erfolge dieses Entschlusses – vielmehr dieses Verhängnisses – waren folgende: Als ich dreizehn Jahre alt war, und jener Konflikt eben begonnen hatte, ließ mein Verhalten sowohl im Elternhause wie in der Schule so viel zu wünschen übrig, daß man mich in die Lateinschule einer andern Stadt in die Verbannung schickte. Ein Jahr später wurde ich Zögling eines theologischen Seminars, lernte das hebräische Alphabet schreiben und war schon nahe daran zu begreifen, was ein Dagesch forte implicitum ist, als plötzlich von innen her Stürme über mich hereinbrachen, welche zu meiner Flucht aus der Klosterschule, zu einer Bestrafung mit schwerem Karzer und zu meinem Abschied aus dem Seminar führten.

Eine Weile bemühte ich mich dann an einem Gymnasium, meine Studien vorwärtszubringen, allein Karzer und Verabschiedung war auch dort das Ende. Dann war ich drei Tage Kaufmannslehrling, lief wieder fort und war einige Tage und Nächte zur großen Sorge meiner Eltern verschwunden. Ich war ein halbes Jahr lang Gehilfe meines Vaters, ich war anderthalb Jahre lang Praktikant in einer mechanischen Werkstätte und Turmuhrenfabrik.

Kurz, mehr als vier Jahre lang ging alles unweigerlich schief, was man mit mir unternehmen wollte, keine Schule wollte mich behalten, in keiner Lehre hielt ich lange aus. Jeder Versuch, einen brauchbaren Menschen aus mir zu machen, endete mit Mißerfolg, mehrmals mit Schande und Skandal, mit Flucht oder mit Ausweisung, und doch gestand man mir überall eine gute Begabung und sogar ein gewisses Maß von redlichem Willen zu! Auch war ich stets leidlich fleißig – die hohe Tugend des Müßiggangs habe ich immer mit Ehrfurcht bewundert, aber ich bin nie ein Meister in ihr geworden. Ich begann mit fünfzehn Jahren, als es mir in der Schule mißglückt war, bewußt und energisch meine eigene Ausbildung, und es war mein Glück und meine Wonne, daß im Hause meines Vaters die gewaltige großväterliche Bibliothek stand, ein ganzer Saal voll alter Bücher, der unter andrem die ganze deutsche Dichtung und Philosophie des achtzehnten Jahrhunderts enthielt. Zwischen meinem sechzehnten und zwanzigsten Jahre habe ich nicht bloß eine Menge Papier mit meinen ersten Dichterversuchen vollgeschrieben, sondern habe in jenen Jahren auch die halbe Weltliteratur gelesen und mich mit Kunstgeschichte, Sprachen, Philosophie mit einer Zähigkeit bemüht, welche reichlich für ein normales Studium genügt hätte.

Dann wurde ich Buchhändler, um endlich einmal mein Brot selber verdienen zu können. Zu den Büchern hatte ich immerhin mehr und bessere Beziehungen als zum Schraubstock und den Zahnrädern aus Eisenguß, mit denen ich mich als Mechaniker geplagt hatte. Für die erste Zeit war mir das Schwimmen im Neuen und Neuesten der Literatur, ja das Überschwemmtwerden damit, ein beinah rauschähnliches Vergnügen. Doch merkte ich freilich nach einer Weile, daß im Geistigen ein Leben in der bloßen Gegenwart, im Neuen und Neuesten unerträglich und unsinnig, daß die beständige Beziehung zum Gewesenen, zur Geschichte, zum Alten und Uralten ein geistiges Leben überhaupt erst ermögliche. So war es mir denn, nachdem jenes erste Vergnügen erschöpft war, ein Bedürfnis, aus der Überschwemmung mit Novitäten zum Alten zurückzukehren, ich vollzog das, indem ich aus dem Buchhandel ins Antiquariat überging. Ich blieb dem Beruf jedoch nur so lang treu, als ich ihn brauchte, um das Leben zu fristen. Im Alter von sechsundzwanzig Jahren, auf Grund eines ersten literarischen Erfolges, gab ich auch diesen Beruf wieder auf.
Jetzt also war, unter so vielen Stürmen und Opfern, mein Ziel erreicht: ich war, so unmöglich es geschienen hatte, doch ein Dichter geworden und hatte, wie es schien, den langen zähen Kampf mit der Welt gewonnen. Die Bitternis der Schul- und Werdejahre, in der ich oft sehr nah am Untergang gewesen war, wurde nun vergessen und belächelt – auch die Angehörigen und Freunde, die bisher an mir verzweifelt waren, lächelten mir jetzt freundlich zu. Ich hatte gesiegt, und wenn ich nun das Dümmste und Wertloseste tat, fand man es entzückend, wie auch ich selbst sehr von mir entzückt war. Erst jetzt bemerkte ich, in wie schauerlicher Vereinsamung, Askese und Gefahr ich Jahr um Jahr gelebt hatte, die laue Luft der Anerkennung tat mir wohl, und ich begann ein zufriedener Mann zu werden.
Mein äußeres Leben verlief nun eine gute Weile ruhig und angenehm. Ich hatte Frau, Kinder, Haus und Garten. Ich schrieb meine Bücher, ich galt für einen liebenswürdigen Dichter und lebte mit der Welt in Frieden. Im Jahre 1905 half ich eine Zeitschrift begründen, welche vor allem gegen das

persönliche Regiment Wilhelms des Zweiten gerichtet war, ohne daß ich doch im Grunde diese politischen Ziele ernst genommen hätte. Ich machte schöne Reisen in der Schweiz, in Deutschland, in Österreich, in Italien, in Indien. Alles schien in Ordnung zu sein. Da kam jener Sommer 1914, und plötzlich sah es innen und außen ganz verwandelt aus. Es zeigte sich, daß unser bisheriges Wohlergehen auf unsicherem Boden gestanden war, und nun begann also das Schlechtgehen, die große Erziehung. Die sogenannte große Zeit war angebrochen, und ich kann nicht sagen, daß sie mich gerüsteter, würdiger und besser angetroffen hätte als alle andern auch. Was mich von den andern damals unterschied, war nur, daß ich jenes einen großen Trostes entbehrte, den so viele andere hatten: der Begeisterung. Dadurch kam ich wieder zu mir selbst und in Konflikt mit der Umwelt, ich wurde nochmals in die Schule genommen, mußte nochmals die Zufriedenheit mit mir selbst und mit der Welt verlernen, und trat erst mit diesem Erlebnis über die Schwelle der Einweihung ins Leben.

Ich habe ein kleines Erlebnis des ersten Kriegsjahres nie vergessen. Ich war zu Besuch in einem großen Lazarett, auf der Suche nach einer Möglichkeit, mich irgendwie als Freiwilliger sinnvoll in die veränderte Welt einzupassen, was mir damals noch möglich schien. In jenem Verwundetenspital lernte ich ein altes Fräulein kennen, das früher in guten Verhältnissen privatisiert hatte und jetzt in diesem Lazarett Pflegerinnendienste tat. Sie erzählte mir in rührender Begeisterung, wie froh und stolz sie sei, daß sie diese große Zeit noch habe erleben dürfen. Ich fand es begreiflich, denn für diese Dame hatte es des Krieges bedurft, um aus ihrem trägen und rein egoistischen Altjungfernleben ein tätiges und wertvolleres Leben zu machen. Aber als sie mir ihr Glück mitteilte, in einem Korridor voll verbundener und krummgeschossener Soldaten, zwischen Sälen, die voll von Amputierten und Sterbenden lagen, da drehte sich mir das Herz um. Sosehr ich die Begeisterung dieser Tante begriff, ich konnte sie nicht teilen, ich konnte sie nicht gutheißen. Wenn auf je zehn Verwundete eine solche begeisterte Pflegerin kam, dann war das Glück der Damen etwas teuer bezahlt.

Nein, ich konnte die Freude über die große Zeit nicht teilen, und so kam es, daß ich unter dem Kriege von Anfang an jämmerlich litt, und jahrelang mich gegen ein scheinbar von außen und aus heiterm Himmel hereingebrochenes Unglück verzweifelt wehrte, während um mich her alle Welt so tat, als sei sie voll froher Begeisterung über eben dies Unglück. Und wenn ich nun die Zeitungsartikel der Dichter las, worin sie den Segen des Krieges entdeckten, und die Aufrufe der Professoren, und alle die Kriegsgedichte aus den Studierzimmern der berühmten Dichter, dann wurde mir noch elender.

Im Jahr 1915 entschlüpfte mir eines Tages öffentlich das Bekenntnis dieses Elendes, und ein Wort des Bedauerns darüber, daß auch die sogenannten geistigen Menschen nichts anderes zu tun wüßten, als Haß zu predigen, Lügen zu verbreiten und das große Unglück hochzupreisen. Die Folge dieser ziemlich schüchtern geäußerten Klage war, daß ich in der Presse meines Vaterlandes für einen Verräter erklärt wurde – für mich ein neues Erlebnis, denn trotz vielen Berührungen mit der Presse hatte ich die Situation des von der Mehrheit Angespienen noch nie kennengelernt. Der Artikel mit jener Anklage wurde von zwanzig Zeitungen meiner Heimat abgedruckt, und von allen meinen Freunden, deren ich bei der Presse viele zu haben glaubte, wagten es nur zwei, für mich einzutreten. Alte Freunde teilten mir mit, daß sie eine Schlange an ihrem Busen genährt hätten, und daß dieser Busen künftig nur noch für Kaiser und Reich, nicht aber mehr für mich Entarteten schlage. Schmähbriefe von Unbekannten kamen in Menge, und Buchhändler ließen mich wissen, daß ein Autor von so verwerflichen Gesinnungen für sie nicht mehr existiere. Auf mehreren dieser Briefe lernte ich ein Schmuckstück kennen, das ich damals zum ersten Male sah: einen kleinen runden Stempelaufdruck mit der Inschrift: Gott strafe England.

Man sollte denken, ich hätte über dies Mißverständnis recht sehr gelacht. Aber das gelang mir nicht. Dies an sich so unwichtige Erlebnis brachte mir als Frucht die zweite große Wandlung meines Lebens.

Man erinnere sich: die erste Wandlung war eingetreten in

dem Augenblick, wo mir der Entschluß bewußt wurde, ein Dichter zu werden. Der vorherige Musterschüler Hesse wurde von da an ein schlechter Schüler, er wurde bestraft, er wurde hinausgeworfen, er tat nirgends gut, machte sich und seinen Eltern Sorge um Sorge – alles nur, weil er zwischen der Welt, wie sie nun einmal ist oder zu sein scheint, und der Stimme seines eigenen Herzens keine Möglichkeit einer Versöhnung sah. Dies wiederholte sich jetzt, in den Kriegsjahren, aufs neue. Wieder sah ich mich im Konflikt mit einer Welt, mit der ich bisher in gutem Frieden gelebt hatte. Wieder mißglückte mir alles, wieder war ich allein und elend, wieder wurde alles, was ich sagte und dachte, von den andern feindlich mißverstanden. Wieder sah ich zwischen der Wirklichkeit und dem, was mir wünschenswert, vernünftig und gut schien, einen hoffnungslosen Abgrund liegen.

Diesmal aber blieb mir die Einkehr nicht erspart. Es dauerte nicht lange, so sah ich mich genötigt, die Schuld an meinen Leiden nicht außer mir, sondern in mir selbst zu suchen. Denn das sah ich wohl ein: der ganzen Welt Wahnsinn und Roheit vorzuwerfen, dazu hatte kein Mensch und kein Gott ein Recht ich am wenigsten. Es mußte also in mir selbst allerlei Unordnung sein, wenn ich so mit dem ganzen Weltlauf in Konflikt kam. Und siehe, es war in der Tat eine große Unordnung da. Es war kein Vergnügen, diese Unordnung in mir selber anzupacken und ihre Ordnung zu versuchen. Da zeigte sich vor allem eines: der gute Friede, in dem ich mit der Welt gelebt hatte, war nicht nur von mir zu teuer bezahlt worden, er war auch ebenso faul gewesen wie der äußere Friede in der Welt. Ich hatte geglaubt, mir durch die langen schweren Kämpfe der Jugend meinen Platz in der Welt verdient zu haben und nun ein Dichter zu sein. Mittlerweile aber hatte Erfolg und Wohlergehen auf mich den üblichen Einfluß gehabt, ich war zufrieden und bequem geworden, und wenn ich genau zusah, so war der Dichter von einem Unterhaltungsschriftsteller kaum zu unterscheiden. Es war mir zu gut gegangen. Nun, für das Schlechtgehen, das stets eine gute und energische Schule ist, war jetzt reichlich gesorgt, und so lernte ich mehr und mehr die Händel der Welt ihren Gang gehen zu lassen, und konnte mich mit meinem eigenen Anteil an der Verwirrung und Schuld des Ganzen beschäftigen. Diese Beschäftigung aus meinen Schriften herauszulesen, muß ich dem Leser überlassen. Und noch immer habe ich die heimliche Hoffnung, es werde mit der Zeit auch mein Volk, nicht als Ganzes, aber in sehr vielen wachen und verantwortlichen Einzelnen, eine ähnliche Prüfung vollziehen und an die Stelle des Klagens und Schimpfens über den bösen Krieg und die bösen Feinde und die böse Revolution in tausend Herzen die Frage setzen: wie bin ich selber mitschuldig geworden? und wie kann ich wieder unschuldig werden? Denn man kann jederzeit wieder unschuldig werden, wenn man sein Leid und seine Schuld erkennt und zu Ende leidet, statt die Schuld daran bei andern zu suchen.

Als die neue Wandlung sich in meinen Schriften und in meinem Leben zu äußern anfing, schüttelten viele meiner Freunde den Kopf. Viele verließen mich auch. Das gehörte zu dem veränderten Bilde meines Lebens, ebenso wie der Verlust meines Hauses, meiner Familie und andrer Güter und Behaglichkeiten. Es war eine Zeit, da ich täglich Abschied nahm, und täglich darüber erstaunt war, daß ich nun auch dies hatte ertragen können, und noch immer lebte, und noch immer irgend etwas an diesem seltsamen Leben liebte, das mir doch nur Schmerzen, Enttäuschungen und Verluste zu bringen schien.

Übrigens, um dies nachzuholen: auch während der Kriegsjahre hatte ich etwas wie einen guten Stern oder einen Schutzengel. Während ich mich mit meinen Leiden sehr allein fühlte und bis zum Beginn der Wandlung mein Schicksal stündlich als ein unseliges empfand und verwünschte, diente eben mein Leiden, mein Besessensein durch Leiden mir als Schutz und Panzer gegen die Außenwelt. Ich brachte nämlich die Kriegsjahre in einer so scheußlichen Umgebung von Politik, Spionagewesen, Bestechungstechnik und Konjunkturkünsten zu, wie sie selbst damals nur an wenigen Orten der Erde so konzentriert beieinander zu finden waren, nämlich in Bern inmitten deutscher, neutraler und feindlicher Diplomatie, in einer Stadt, die über Nacht übervölkert worden war, und zwar durch lauter Diplomaten, politische Agenten, Spione, Journalisten, Aufkäufer und Schieber. Ich lebte zwischen Diplomaten und Militärs, verkehrte außerdem mit Menschen aus vielen, auch feindlichen, Nationen, die Luft um mich her war ein einziges Netz von Spionage und Gegenspionage, von Spitzelei, Intrigen, politischen und persönlichen Geschäftigkeiten – und von alledem habe ich in all den Jahren gar nichts bemerkt! Ich wurde ausgehorcht, bespitzelt und bespioniert, war bald den Feinden, bald den Neutralen, bald den eigenen Landsleuten verdächtig, und merkte das alles nicht, erst lange nachher erfuhr ich dies und jenes davon, und begriff nicht, wie ich unberührt und ungeschädigt inmitten dieser Atmosphäre hatte leben können. Aber es war gegangen.

Mit dem Ende des Krieges fiel auch die Vollendung meiner Wandlung und die Höhe der Prüfungsleiden zusammen. Diese Leiden hatten mit dem Kriege und dem Weltschicksal nichts mehr zu tun, auch die Niederlage Deutschlands, von uns im Auslande seit zwei Jahren mit Sicherheit erwartet, hatte im Augenblick nichts Erschreckendes mehr. Ich war ganz in mich selbst und ins eigene Schicksal versunken, allerdings zuweilen mit dem Gefühl, es handle sich dabei um alles Menschenlos überhaupt. Ich fand allen Krieg und alle Mordlust der Welt, all ihren Leichtsinn, all ihre rohe Genußsucht, all ihre Feigheit in mir selber wieder, hatte erst die Achtung vor mir selbst, dann die Verachtung meiner selbst zu verlieren, hatte nichts andres zu tun, als den Blick ins Chaos zu Ende zu tun, mit der oft aufglühenden, oft erlöschenden Hoffnung, jenseits des Chaos wieder Natur, wieder Unschuld zu finden. Jeder wach gewordene und wirklich zum Bewußtsein gekommene Mensch geht ja einmal, oder mehrmals, diesen schmalen Weg durch die Wüste – den andern davon reden zu wollen, wäre vergebliche Mühe.

Wenn Freunde mir untreu wurden, empfand ich manchmal Wehmut, doch kein Unbehagen, ich empfand es mehr als Bestätigung auf meinem Wege. Diese früheren Freunde hatten ja ganz recht, wenn sie sagten, ich sei früher ein so sympathischer Mensch und Dichter gewesen, während meine jetzige Problematik einfach ungenießbar sei. Über Fragen des Geschmacks, oder des Charakters, war ich damals hinaus, es war niemand da, dem meine Sprache verständlich gewesen wäre. Diese Freunde hatten vielleicht recht, wenn sie mir vorwarfen, meine Schriften hätten Schönheit und Harmonie verloren. Solche Worte machten mich nur lachen – was ist Schönheit oder Harmonie für den, der zum Tode verurteilt ist, der zwischen einstürzenden Mauern um sein Leben rennt? Vielleicht war ich auch, meinem lebenslangen Glauben entgegen, gar kein Dichter, und der ganze ästhetische Betrieb war bloß ein Irrtum gewesen? Warum nicht, auch das war nicht mehr von Wichtigkeit. Das meiste von dem, was ich auf der Höllenreise durch mich selbst zu Gesicht bekommen hatte, war Schwindel und wertlos gewesen, also vielleicht auch der Wahn von meiner Berufung oder Begabung. Wie wenig wichtig war das doch! Und das, was ich voll Eitelkeit und Kinderfreiheit einst als meine Aufgabe betrachtet hatte, war auch nicht mehr da. Ich sah meine Aufgabe, vielmehr meinen Weg zur Rettung, längst nicht mehr auf dem Gebiet der Lyrik, oder der Philosophie, oder irgendeiner solchen Spezialistengeschichte, sondern nur noch darin, das wenige wahrhaft Lebendige und Starke in mir sein Leben leben zu lassen, nur noch in der unbedingten Treue gegen das, was ich in mir noch leben spürte. Das war das Leben, das war Gott. – Nachher, wenn solche Zeiten hoher und lebensgefährlicher Spannung vorüber sind, sieht das alles seltsam anders aus, weil die damaligen Inhalte und ihre Namen jetzt ohne Bedeutung sind, und das Heilige von vorgestern kann beinah komisch klingen.

Als auch für mich der Krieg endlich zu Ende war, im Frühling 1919, zog ich mich in eine entlegene Ecke der Schweiz zurück und wurde Einsiedler. Weil ich mein Leben lang (dies war eine Erbschaft von Eltern und Großeltern her) sehr viel mit indischer und chinesischer Weisheit beschäftigt war, und auch meine neuen Erlebnisse zum Teil in der östlichen Bildersprache zum Ausdruck brachte, nannte man mich häufig einen »Buddhisten«, worüber ich nur lachen konnte, denn im Grunde wußte ich mich von keinem Bekenntnis weiter entfernt als von diesem. Und dennoch war etwas Richtiges, ein Korn Wahrheit darin verborgen, das ich erst etwas später erkannte. Wenn es irgend denkbar wäre, daß ein Mensch sich persönlich eine Religion erwählte, so hätte ich aus innerster Sehnsucht gewiß mich einer konservativen Religion angeschlossen: dem Konfuzius, dem Brahmanismus oder der römischen Kirche. Ich hätte dies aber aus Sehnsucht nach dem Gegenpol getan, nicht aus angeborner Verwandtschaft, denn geboren bin ich nicht nur zufällig als Sohn frommer Protestanten, sondern bin auch dem Gemüt und Wesen nach Protestant (wozu meine tiefe Antipathie gegen die zur Zeit vorhandenen protestantischen Bekenntnisse durchaus keinen Widerspruch bildet). Denn der echte Protestant wehrt sich gegen die eigene Kirche wie gegen jede andere, weil sein Wesen ihn das Werden mehr bejahen heißt als das Sein. Und in diesem Sinne ist wohl auch Buddha ein Protestant gewesen.

Der Glaube an mein Dichtertum und an den Wert meiner literarischen Arbeit war also seit der Wandlung in mir entwurzelt. Das Schreiben machte mir keine rechte Freude mehr. Eine Freude aber muß der Mensch haben, auch ich in all meiner Not machte diesen Anspruch. Ich konnte auf Gerechtigkeit, Vernunft, auf Sinn im Leben und in der Welt verzichten, ich hatte gesehen, daß die Welt vortrefflich ohne all diese Abstraktionen auskommt – aber auf ein wenig Freude konnte ich nicht verzichten, und das Verlangen nach diesem bißchen Freude, das war nun eine von jenen kleinen Flammen in mir, an die ich noch glaubte und aus denen ich mir die Welt wieder neu zu schaffen dachte. Häufig suchte ich meine Freude, meinen Traum, mein Vergessen in einer Flasche Wein, und sehr oft hat sie mir geholfen, sie sei dafür gepriesen. Aber sie genügte nicht. Und siehe da, eines Tages entdeckte ich eine ganz neue Freude. Ich fing, schon vierzig Jahre alt, plötzlich an zu malen. Nicht daß ich mich für einen Maler hielte oder einer werden wollte. Aber das Malen ist wunderschön, es macht einen froher und duldsamer. Man hat nachher nicht wie beim Schreiben schwarze Finger, sondern rote und blaue. Auch über diese Malerei ärgern sich viele meiner Freunde. Darin habe ich wenig Glück – immer, wenn ich etwas recht Notwendiges, Glückliches und Hübsches unternehme, werden die Leute unangenehm. Sie möchten gerne, daß man bleibt, was man war, daß man sein Gesicht nicht ändert. Aber mein Gesicht weigert sich, es will sich häufig ändern, es ist ihm Bedürfnis.

Ein anderer Vorwurf, den man mir macht, scheint mir selber sehr richtig. Man spricht mir den Sinn für die Wirklichkeit ab. Sowohl die Dichtungen, die ich dichte, wie die Bildchen, die ich male, entsprechen nicht der Wirklichkeit. Wenn ich dichte, so vergesse ich häufig alle Anforderungen, welche gebildete Leser an ein richtiges Buch stellen, und vor allem fehlt mir in der Tat die Achtung vor der Wirklichkeit. Ich finde, die Wirklichkeit ist das, worum man sich am allerwenigsten zu kümmern braucht, denn sie ist, lästig genug, ja immerzu vorhanden, während schönere und nötigere Dinge unsre Aufmerksamkeit und Sorge fordern. Die Wirklichkeit ist das, womit man unter gar keinen Umständen zufrieden sein, was man unter gar keinen Umständen anbeten und verehren darf, denn sie ist der Zufall, der Abfall des Lebens. Und sie ist, diese schäbige, stets enttäuschende und öde Wirklichkeit, auf keine andre Weise zu ändern, als indem wir sie leugnen, indem wir zeigen, daß wir stärker sind als sie.

In meinen Dichtungen vermißt man häufig die übliche Achtung vor der Wirklichkeit, und wenn ich male, dann haben die Bäume Gesichter, und die Häuser lachen oder tanzen, oder weinen, aber ob der Baum ein Birnbaum oder eine Kastanie ist, das kann man meistens nicht erkennen. Diesen Vorwurf muß ich hinnehmen. Ich gestehe, daß auch mein eigenes Leben mir sehr häufig genau wie ein Märchen vorkommt, oft sehe und fühle ich die Außenwelt mit meinem Innern in einem Zusammenhang und Einklang, den ich magisch nennen muß.

Einigemal sind mir noch Dummheiten passiert, zum Beispiel tat ich einmal eine harmlose Äußerung über den bekannten Dichter Schiller, worauf alsbald sämtliche süddeutschen Kegelklubs mich für einen Schänder der vaterländischen Heiligtümer erklärten. Jetzt aber ist es mir schon seit Jahren gelungen, nichts mehr zu äußern, wodurch Heiligtümer geschändet und Menschen vor Wut rot werden. Ich sehe darin einen Fortschritt.

Weil nun die sogenannte Wirklichkeit für mich keine sehr

große Rolle spielt, weil Vergangenes mich oft wie Gegenwart erfüllt und Gegenwärtiges mir unendlich fern erscheint, darum kann ich auch die Zukunft nicht so scharf von der Vergangenheit trennen, wie man es meistens tut. Ich lebe sehr viel in der Zukunft, und so brauche ich denn auch meine Biographie nicht mit dem heutigen Tage zu enden, sondern kann sie ruhig weitergehen lassen.

In Kürze will ich erzählen, wie mein Leben vollends seinen Bogen beschreibt. In den Jahren bis 1930 schrieb ich noch einige Bücher, um dann aber diesem Gewerbe für immer den Rücken zu kehren. Die Frage, ob ich eigentlich zu den Dichtern zu rechnen sei oder nicht, wurde in zwei Dissertationen von fleißigen jungen Leuten untersucht; aber nicht beantwortet. Es ergab sich nämlich als Resultat einer sorgfältigen Betrachtung der neueren Literatur, daß das Fluidum, welches den Dichter ausmacht, in der neueren Zeit nur noch in so außerordentlicher Verdünnung vorkommt, daß der Unterschied zwischen Dichter und Literat nicht mehr feststellbar ist. Aus diesem objektiven Befund zogen die beiden Doktoranden jedoch entgegengesetzte Schlüsse. Der eine, sympathischere, war der Meinung, eine so lächerlich verdünnte Poesie sei überhaupt keine mehr, und da bloße Literatur nicht lebenswert sei, möge man das, was sich heute noch Dichtung nenne, ruhig seinen stillen Tod sterben lassen. Der andere jedoch war ein unbedingter Verehrer der Poesie, auch in der dünnsten Form, und meinte daher, es sei besser, hundert Undichter aus Vorsicht mitgelten zu lassen, als einem Dichter unrecht zu tun, der vielleicht doch einen Tropfen echten parnassischen Blutes in sich habe.

Ich war hauptsächlich mit Malen und mit chinesischen Zaubermethoden beschäftigt, ließ mich in den folgenden Jahren aber mehr und mehr auch auf die Musik ein. Es wurde der Ehrgeiz meines späteren Lebens, eine Art von Oper zu schreiben, worin das menschliche Leben in seiner sogenannten Wirklichkeit wenig ernst genommen, sogar verhöhnt wird, dagegen in seinem ewigen Wert als Bild, als flüchtiges Gewand der Gottheit hervorleuchtet. Die magische Auffassung des Lebens war mir stets nahe gelegen, ich war nie ein »moderner Mensch« gewesen, und hatte stets den »Goldenen Topf« von Hoffmann, oder gar den »Heinrich von Ofterdingen«, für wertvollere Lehrbücher gehalten als alle Welt- und Naturgeschichten (vielmehr hatte ich auch in diesen, wenn ich solche las, stets entzückende Fabulationen gesehen). Jetzt aber hatte bei mir jene Lebensperiode begonnen, wo es keinen Sinn mehr hat, eine fertige und mehr als genug differenzierte Persönlichkeit immer weiter auszubauen und zu differenzieren, wo statt dessen die Aufgabe sich meldet, das werte Ich wieder in der Welt untergehen zu lassen und sich, angesichts der Vergänglichkeit, den ewigen und außerzeitlichen Ordnungen einzureihen. Diese Gedanken oder Lebensstimmungen auszudrücken, schien mir nur durch das Mittel des Märchens möglich, und als die höchste Form des Märchens sah ich die Oper an, vermutlich weil ich an die Magie des Wortes in unserer mißbrauchten und sterbenden Sprache nicht mehr recht glauben konnte, während die Musik mir immer noch als ein lebendiger Baum erschien, an dessen Ästen auch heute noch Paradiesäpfel wachsen können. Ich wollte in meiner Oper das tun, was mir in meinen Dichtungen nie ganz hatte glücken wollen: dem Menschenleben einen hohen und entzückenden Sinn setzen. Die Unschuld und Unerschöpflichkeit der Natur wollte ich preisen und ihren Gang bis dahin darstellen, wo sie durch das unausbleibliche Leiden gezwungen wird, sich dem Geiste zuzuwenden, dem fernen Gegenpol, und das Schwingen des Lebens zwischen den beiden Polen der Natur und des Geistes sollte sich heiter, spielend und vollendet darstellen wie die Spannung eines Regenbogens.

Allein leider gelang mir die Vollendung dieser Oper nie. Es ging mir damit, wie es mir mit der Dichtung gegangen war. Die Dichtung hatte ich aufgeben müssen, nachdem ich gesehen hatte, daß alles, was zu sagen mir wichtig schien, im »Goldenen Topf« und im »Heinrich von Ofterdingen« schon tausendmal reiner gesagt war, als ich es vermocht hätte. Und so ging es mir nun auch mit meiner Oper. Gerade als ich mit den jahrelangen musikalischen Vorstudien und mehreren Textentwürfen fertig war, und mir den eigentlichen Sinn und Gehalt meines Werkes nochmals möglichst eindringlich vorzustellen suchte, da machte ich plötzlich die Wahr-

nehmung, daß ich mit meiner Oper gar nichts anderes anstrebte, als was in der »Zauberflöte« längst schon herrlich gelöst ist.
Ich legte daher diese Arbeit beiseite und wandte mich nun vollends ganz der praktischen Magie zu. War mein Künstlertraum ein Wahn gewesen, war ich weder zu einem »Goldenen Topf« noch zu einer »Zauberflöte« fähig, so war ich doch zum Zauberer geboren. Auf dem östlichen Wege des Lao Tse und des I Ging war ich längst weit genug vorgedrungen, um die Zufälligkeit und Verwandelbarkeit der sogenannten Wirklichkeit genau zu kennen. Nun zwang ich diese Wirklichkeit durch Magie nach meinem Sinne, und ich muß sagen, ich hatte viel Freude daran. Ich muß jedoch auch bekennen, daß ich nicht immer mich auf jenen holden Garten beschränkt habe, den man die weiße Magie nennt, sondern je und je zog mich die kleine lebendige Flamme in mir auch auf die schwarze Seite hinüber.
Im Alter von mehr als siebzig Jahren wurde ich, nachdem eben erst zwei Universitäten mich durch die Verleihung der Würde eines Ehrendoktors ausgezeichnet hatten, wegen Verführung eines jungen Mädchens durch Zauberei vor die Gerichte gebracht. Im Gefängnis bat ich um die Erlaubnis, mich mit Malerei zu beschäftigen. Es wurde mir bewilligt. Freunde brachten mir Farben und Malzeug, und ich malte an die Wand meiner Zelle eine kleine Landschaft. Noch einmal war ich also zur Kunst zurückgekehrt, und alle Schiffbrüche, die ich als Künstler schon erlebt hatte, konnten mich nicht im geringsten daran hindern, noch einmal diesen holdesten Becher zu leeren, noch einmal wie ein spielendes Kind eine kleine geliebte Spielwelt vor mir aufzubauen und mein Herz daran zu sättigen, noch einmal alle Weisheit und Abstraktion von mir zu werfen und die primitive Lust des Zeugens aufzusuchen. Ich malte also wieder, ich mischte Farben und tauchte Pinsel ein, trank noch einmal mit Entzücken alle diese unendlichen Zauber: den hellen frohen Klang des Zinnober, den vollen reinen Klang des Gelb, den tiefen rührenden des Blau, und die Musik ihrer Vermischungen bis ins fernste, blasseste Grau hinein. Glücklich und kindlich trieb ich mein Schöpfungsspiel, und malte also eine Landschaft an die

Wand meiner Zelle. Diese Landschaft enthielt fast alles, woran ich im Leben Freude gehabt hatte, Flüsse und Gebirge, Meer und Wolken, Bauern bei der Ernte und noch eine Menge schöner Dinge, an denen ich mich vergnügte. In der Mitte des Bildes aber fuhr eine ganz kleine Eisenbahn. Sie fuhr auf einen Berg los und stak mit dem Kopf schon im Berge drin wie ein Wurm im Apfel, die Lokomotive war schon in einen kleinen Tunnel eingefahren, aus dessen dunkler Ründung flockiger Rauch herauskam.

Noch nie hatte mein Spiel mich so entzückt wie dieses Mal. Ich vergaß über dieser Rückkehr zur Kunst nicht bloß, daß ich ein Gefangener und Angeklagter war und wenig Aussicht hatte, mein Leben anderswo als in einem Zuchthause zu enden – ich vergaß oft sogar meine magischen Übungen und schien mir Zauberer genug, wenn ich mit dünnem Pinsel einen winzigen Baum, eine kleine helle Wolke schuf.

Indessen gab die sogenannte Wirklichkeit, mit welcher ich in der Tat nun ganz zerfallen war, sich alle Mühe, meinen Traum zu höhnen und immer wieder zu zerstören. Fast jeden Tag holte man mich, führte mich unter Bewachung in äußerst unsympathische Räumlichkeiten, wo inmitten von vielem Papier unsympathische Menschen saßen, die mich ausfragten, mir nicht glauben wollten, mich anschnauzten, mich bald wie ein dreijähriges Kind, bald wie einen abgefeimten Verbrecher behandelten. Man braucht nicht Angeklagter zu sein, um diese merkwürdige und wahrhaft höllische Welt der Kanzleien, des Papiers und der Akten kennenzulernen. Von allen Höllen, welche der Mensch sich wunderlicherweise hat schaffen müssen, ist diese mir stets als die höllischste erschienen. Du brauchst nur umziehen oder heiraten zu wollen, einen Paß oder Heimatschein zu begehren, so stehst du schon mitten in dieser Hölle, mußt saure Stunden im luftlosen Raum dieser Papierwelt hinbringen, wirst von gelangweilten und dennoch hastigen, unfrohen Menschen ausgefragt, angeschnauzt, findest für die einfachsten und wahrsten Aussagen nichts als Unglauben, wirst bald wie ein Schulkind, bald wie ein Verbrecher behandelt. Nun, jeder kennt dies ja. Längst wäre ich in der Papierhölle erstickt und verdorrt, hätten nicht meine Farben mich immer wieder ge-

tröstet und vergnügt, hätte nicht mein Bild, meine kleine schöne Landschaft, mir wieder Luft und Leben gegeben.
Vor diesem Bilde stand ich einst in meinem Gefängnis, als die Wärter wieder mit ihren langweiligen Vorladungen gelaufen kamen und mich meiner glücklichen Arbeit entreißen wollten. Da empfand ich eine Müdigkeit und etwas wie Ekel gegen all den Betrieb und diese ganze brutale und geistlose Wirklichkeit. Es schien mir jetzt an der Zeit, der Qual ein Ende zu machen. Wenn es mir nicht erlaubt war ungestört meine unschuldigen Künstlerspiele zu spielen, so mußte ich mich eben jener ernsteren Künste bedienen, welchen ich so manches Jahr meines Lebens gewidmet hatte. Ohne Magie war diese Welt nicht zu ertragen.
Ich erinnerte mich der chinesischen Vorschrift, stand eine Minute lang mit angehaltenem Atem und löste mich vom Wahn der Wirklichkeit. Freundlich bat ich dann die Wärter, sie möchten noch einen Augenblick Geduld haben, da ich in meinem Bilde in den Eisenbahnzug steigen und etwas dort nachsehen müsse. Sie lachten auf die gewohnte Art, denn sie hielten mich für geistig gestört.
Da machte ich mich klein und ging in mein Bild hinein, stieg in die kleine Eisenbahn und fuhr mit der kleinen Eisenbahn in den schwarzen kleinen Tunnel hinein. Eine Weile sah man noch den flockigen Rauch aus dem runden Loche kommen, dann verzog sich der Rauch und verflüchtigte sich und mit ihm das ganze Bild und mit ihm ich.
In großer Verlegenheit blieben die Wärter zurück.
(1925)

CALW

1 Calw im Schwarzwald, Geburtsort Hermann Hesses, wo er bis 1880 die ersten drei Lebensjahre und von 1886 bis 1889 drei Schuljahre verbrachte. Die alte Brücke über die Nagold mit der gotischen Brückenkapelle St. Nikolaus. »Nur die alte, steinerne Nagoldbrücke mit der gotischen Brückenkapelle erinnert daran, daß das bescheidene, fleißige Nest mehr als nur zwei Jahrhunderte alt ist.« (Aus Hesses »Calwer Tagebuch«, 1901)

2 Die Familie Hesse im Jahr 1889 (Hermann, der Vater, Marulla, die Mutter, Adele und Hans).

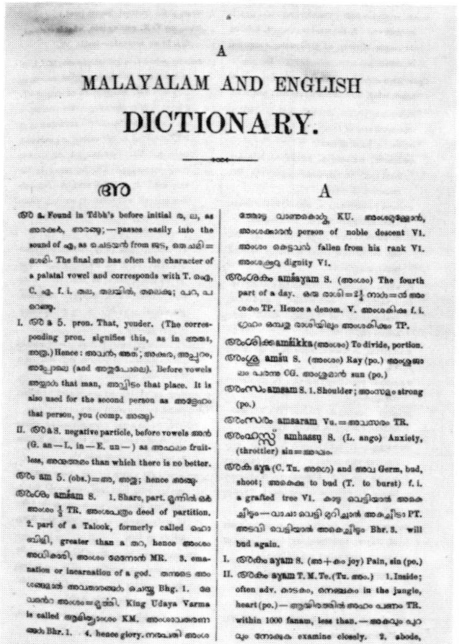

A

MALAYALAM AND ENGLISH
DICTIONARY.

അ A

അ a. Found in Tdbh's before initial [illegible] — passes easily into the sound of [illegible] The final അ has often the character of a palatal vowel and corresponds with T. [illegible], C. [illegible] f. i. [illegible]

I. അ a 5. pron. That, yonder. (The corresponding pron. signifies this, as in [illegible].) Hence: [illegible] (and [illegible]). Before vowels [illegible] that man, [illegible] that place. It is also used for the second person as [illegible] that person, you (comp. [illegible]).

II. അ a S. negative particle, before vowels അൻ (G. an — L. in — E. un —) as [illegible] fruitless, [illegible] than which there is no better.

അം am 5. (obs.) = [illegible]; hence [illegible]

അംശം amśam S. 1. Share, part. [illegible] ⅓ TR. [illegible] deed of partition. 2. part of a Talook, formerly called [illegible], greater than a [illegible], hence [illegible] MR. 3. emanation or incarnation of a god. [illegible] Bhg. 1. [illegible] King Udaya Varma is called [illegible] KM. [illegible] Bhr. 1. 4. hence glory. [illegible] KU. [illegible] person of noble descent VI. [illegible] fallen from his rank VI. [illegible] dignity VI.

അംശയം amśayam S. ([illegible]) The fourth part of a day. [illegible] = 2¼ [illegible] TP. Hence a denom. V. [illegible] f. i. [illegible] TP.

അംശിക്ക amśikka ([illegible]) To divide, portion.

അംശു amśu S. ([illegible]) Ray (po.) [illegible] CG. [illegible] sun (po.)

അംസം amsam S. 1. Shoulder; [illegible] strong (po.)

അംസരം amsaram Vu. = [illegible] TR.

അംഹസ്സ് amhassụ S. (L. ango) Anxiety, (throttler) sin = [illegible].

അയ aya (C. Tu. [illegible]) and [illegible] Germ, bud, shoot; [illegible] to bud (T. to burst) f. i. a grafted tree VI. [illegible] PT. [illegible] Bhr. 3. will bud again.

I. അയം ayam S. (അ + [illegible] joy) Pain, sin (po.)

II. അയം ayam T. M. Te. (Tu. [illegible]) 1. Inside; often adv. [illegible] in the jungle, heart (po.) — [illegible] TR. within 1000 fanam, less than. — [illegible] examine closely. 2. abode,

3 Dr. Carl Hermann Hesse (1802 – 1896), Großvater väterlicherseits, Arzt in Weißenstein/Estland.
4 Aus dem großen Malajalam-Lexikon, an dem Hermann Gundert 30 Jahre gearbeitet hat.
5 Dr. Hermann Gundert (1814 – 1893), Großvater mütterlicherseits, Missionar, Sprachgelehrter, Leiter des Calwer Verlagsvereins.

6 Marie Hesse (1842 – 1902), geb. Gundert, verw. Isenberg, die Mutter Hermann Hesses.
7 Johannes Hesse (1847 – 1916), Missionar und späterer Leiter des Calwer Verlagsvereins, der Vater Hermann Hesses.

8 Hermann Hesse vierjährig.
9 Das Missionskinderhaus in Basel, wo die Familie Hesse von 1880 – 1886 lebte und Hermann seine ersten Schuljahre verbrachte.
»1880 wurde mein Vater nach Basel berufen, er war dort Lehrer am Missionshaus und war noch immer russischer Staatsangehöriger ... Dort hat er etwas später das Bürgerrecht erworben, so daß ich also als kleiner Junge Schweizer und Basler Bürger wurde ... Nun wurde aber mein Vater 1886 wieder nach Calw berufen, wieder als Mitarbeiter und späterer Nachfolger meines Großvaters. Und nun blieb zwar die ganze übrige Familie Schweizer und Basler Bürger, aber ich als einziger wurde – weil ich in Württemberg studieren und Staatsprüfungen machen sollte – im Jahre 1890 von meinen Eltern zur Einbürgerung in Württemberg angemeldet, dem Gesuch wurde Folge geleistet, ich wurde Württemberger. Ich habe das später mit vier Jahren Dienst im Krieg und andern Opfern schwer bezahlt.«

10 Das Haus der Calwer Verlagsbuchhandlung, worin die Familie Hesse von 1886 – 1889 und seit 1893 wohnte (erstes Haus links). Hier spielen »Demian«, »Kinderseele« und andere Erzählungen.
11 Der Marktplatz in Calw mit Hesses Geburtshaus im Hintergrund.
12 Die Calwer Volksschule, Schauplatz mancher Erzählungen, u. a. »Unterbrochene Schulstunde«.

13 Hermann Hesse, 1895.
»Ich war im allgemeinen intellektuell frühreif, begann auch sehr früh, mit etwa sechs Jahren, Verse zu machen ... Seit dem 12. Jahr war es mein Wunsch und Ziel, ein Dichter zu werden, und da es einen normalen, offiziellen Weg dazu nicht gab, hatte ich mit der Berufswahl viele Not.«
14 Die Schwestern Adele (r.) und Marulla (l.)

15 Calw, Brunnen bei Hesses Geburtshaus.
»Nie mehr ist eine andre Stadt in den Ländern, in denen ich seither gewohnt habe und gereist bin, mir so bekannt geworden; noch immer ist die Vaterstadt für mich Vorbild, Urbild der Stadt, und die Gassen, Häuser, Menschen und Geschichten dort Vorbild und Urbild aller Menschenheimaten und Menschengeschicke . . . Einmal eine Heimat gehabt zu haben! Einmal an einem kleinen Ort der Erde alle Häuser und ihre Fenster und alle Leute dahinter gekannt zu haben! Einmal an einen bestimmten Ort dieser Erde gebunden gewesen zu sein, wie der Baum mit Wurzeln und Leben an seinen Ort gebunden ist.«

MAULBRONN

16/17 Die ehem. Zisterzienserabtei Maulbronn, seit 1565 Protestantische Klosterschule. Hier wurden 10–14jährige Knaben als Stipendiaten zum Studium der ev. Theologie ausgebildet.

»Es schien, bei der Tradition der Familie und meiner guten Begabung, das Gegebene, mich studieren zu lassen, und zwar Theologie, denn nicht nur entsprach das den Wünschen der Familie, es war außerdem das Billigste, denn für württembergische Theologen gab es vom 14. Jahr an eine kostenlose Ausbildung für alle Knaben, welche das ›Landexamen‹ mit Erfolg bestanden.«

18 Maulbronn, Hintergrund vieler Erzählungen.

19 Der Brunnen _m Kreuzgang von Maulbronn.

20 Die Klasse VII des Gymnasiums in Bad Cannstatt
im Jahre 1893. In der Mitte der letzten Reihe der Schüler H. H.

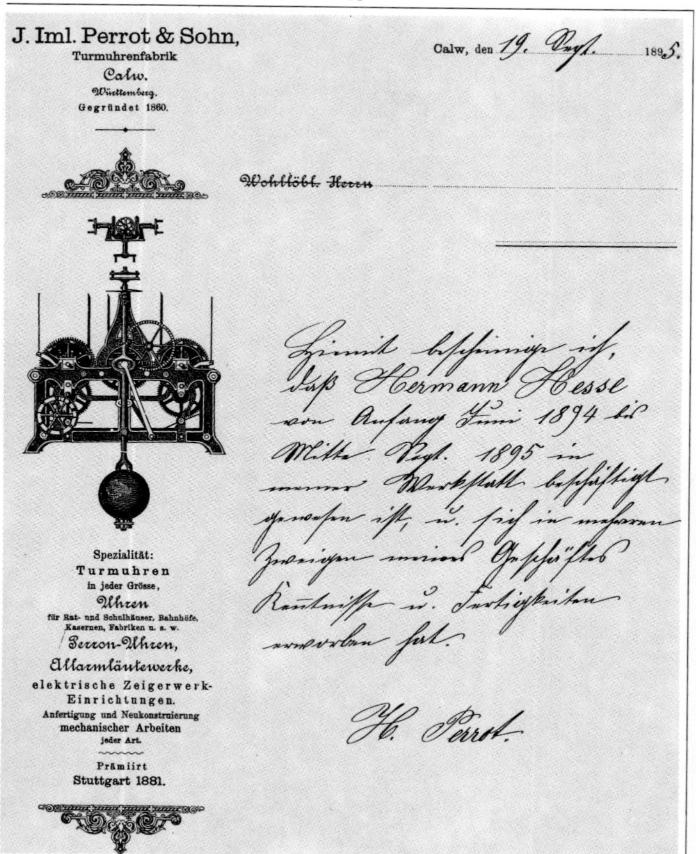

J. Iml. Perrot & Sohn,
Turmuhrenfabrik
Calw.
Württemberg.
Gegründet 1860.

Calw, den 19. Sept. 1895.

Wohllöbl. Herrn

Hiermit bescheinige ich, daß Hermann Hesse von Anfang Juni 1894 bis Mitte Sept. 1895 in meiner Werkstatt beschäftigt gewesen ist, u. sich in mehreren Zweigen meines Geschäfts Kenntnisse u. Fertigkeiten erworben hat.

H. Perrot.

Spezialität:
Turmuhren
in jeder Grösse,
Uhren
für Rat- und Schulhäuser, Bahnhöfe, Kasernen, Fabriken u. s. w.
Perron-Uhren,
Allarmläutewerke,
elektrische Zeigerwerk-Einrichtungen.
Anfertigung und Neukonstruierung mechanischer Arbeiten jeder Art.
Prämiirt
Stuttgart 1881.

21 Vom 5. 6. 1894 – 19. 9. 1895 dauerte seine Lehrzeit in der Calwer Turmuhrenfabrik Perrot. (Vgl. Erzählungen wie »Unterm Rad«, »Aus der Werkstatt«, »Hans Dierlamms Lehrzeit«, »Das erste Abenteuer«.) »Obwohl ich gar keine Begabung und kein Interesse für Technik und Mechanik hatte, und schon bald sah, daß aus diesem Beruf nie etwas werden könne, blieb ich doch so lange dabei und habe dort recht viel gelernt, und zum ersten und einzigen Mal im Leben eng mit dem arbeitenden Volk zusammen gelebt.«

TÜBINGEN

22 Tübingen gegen Ende des 19. Jh., wo Hesse 19jährig am 4. 10. 1895 eine 4jährige Buchhändler- und Antiquariatslehrzeit antrat.
23 Der 21jährige Buchhändlerlehrling in Tübingen.
»Dort biß ich mich durch die nicht leichte dreijährige Lehrzeit durch, blieb auch noch ein Jahr als jüngster Gehilfe im Hause, mit monatlich 80 Mark. In diesen Jahren las ich sehr viel und schrieb meine ersten Sachen. Erhalten geblieben ist davon nur der ›Lauscher‹, der aber zum Teil erst in Basel entstand, sowie die ›Romantischen Lieder‹ und die ›Stunde hinter Mitternacht‹ (beide um 1899). In den ersten Tübinger Zeiten war ich sehr strebsam und solide, später soff ich viel mit Studenten herum (siehe Lauscher) erfüllte meinen Beruf aber gut. Die ersten Jahre war ich in meinen Privatstudien fast ganz mit Goethe beschäftigt, mit seinen Schriften und seinem Leben. Dieser Kult wurde etwa von 1897 oder 1898 durch Nietzsche abgelöst.«

PAUL DANNER
Paul Dü

24 Der Marktplatz von Tübingen.
25 Julie Hellmann, die »Lulu« in »Hermann Lauscher«, die Hesse und seine Freunde des »Petit cénacle« im Sommer 1899 in Kirchheim/Teck kennenlernten.
26 Der »Petit cénacle« (v. l. n. r.: Otto Erich Faber, Oskar Rupp Ludwig Finckh Carlo Hammelehle und H. H.).
»Wir galten als dekadent und modern/Und glaubten es mit Behagen.
In Wirklichkeit waren wir junge Herrn/Von höchst modestem Betragen.«
(Hermann Hesse, »Dem petit cénacle«)

27 Die Buchhandlung Heckenhauer in Tübingen, z. Zt. der Lehrjahre Hesses.
28 Erste, zum Teil vom Autor selbst finanzierte Buchveröffentlichung im Dresdener Kommissionsverlag E. Pierson, wo bereits Autoren wie Arthur Schnitzler, Hermann Bahr, Arthur Holitscher, Gustav Falke und Richard Schaukal debütiert hatten. Das Bändchen erschien im Herbst 1898 (Impressum 1899) in einer Auflage von 600 Expl.

Romantische

Lieder

Von

Hermann Hesse.

29 Der junge R. M. Rilke, »Er war im Jahr 1899 der Einzige, der freundliche Worte über meine ›Stunde hinter Mitternacht‹ schrieb … Sein ganzes Werk gehört zum Besten, was das nicht reiche geistige Deutschland in den letzten 25 Jahren gebracht hat.« (Brief, 1931).

30 Erste Prosaveröffentlichung Hesses, 1899 im Verlag Eugen Diederichs erschienen, vermittelt durch die Schriftstellerin Helene Voigt, die spätere Gattin Eugen Diederichs, die seit 1897 mit Hesse in Briefwechsel stand.

31 Helene Voigt (1875 – 1961), das Portraitfoto, welches sie im Mai 1898 an Hermann Hesse nach Tübingen sandte.

BASEL

S. FISCHER, VERLAG, BERLIN W., BÜLOWSTRASSE 91.

Herrn H. Hesse   Basel

BERLIN W., DEN 30/1. 03.

Sehr geehrter Herr!

Wir haben mit grossem Vergnügen die hinterlassenen Gedichte und Schriften von Hermann Lauscher gelesen und steht viel Schönes auf diesen wenigen Seiten und eine nicht gemeine Hoffnung knüpft sich daran an. Es würde uns freuen, wenn Sie uns neuere Arbeiten von Ihnen mitteilen wollten.

Mit vorzüglicher Hochachtung

S Fischer, Verlag

S. FISCHER, VERLAG, BERLIN W., BÜLOWSTRASSE 91.

BERLIN W., DEN 9/5 1903

Sehr geehrter Herr.

Ich bin sehr erfreut zu hören, dass Sie mir Ihr neues Werk senden und ich will mir gleich sagen: ich erwarte es mit Spannung. Seien Sie versichert, dass ich gleich nach Eintreffen der Sendung an die Lecture gehe und dass ich nicht säumen werde, Sie von meinem Eindruck zu verständigen.

Mit Hochachtungsvollen Grüssen

Ihr ergebener

S Fischer

32/33 Die ersten beiden Briefe des S. Fischer Verlags an Hermann Hesse.
34 Blick auf die Altstadt von Basel, wo Hesse am 15. 9. 1899 als Sortimentsgehilfe in die Reich'sche Buchhandlung eintrat. Im Verlag dieser Buchhandlung publiziert er »für seine Freunde und die ihm Wohlgesinnten« die »Hinterlassenen Schriften und Gedichte von Hermann Lauscher«, welche S. Fischer auf Hesse aufmerksam machten.
Am 2. 2. 1903 antwortete Hesse dem S. Fischer Verlag u. a.: »Ich habe eine kleine Prosadichtung [Peter Camenzind] innerlich fertig und denke sie in Bälde aufzuschreiben ... Daß meine Schriften rein persönliche Versuche sind, intime Dinge in moderner Form auszusprechen, daß sie daher zu erheblichen Bucherfolgen wohl nicht geeignet sind, brauche ich kaum zu betonen. Ich schreibe nicht sehr viel und nur aus persönlichstem Bedürfnis.«

35 Jakob Burckhardt (1818 – 1897). In Basel lebte Hesse »inmitten eines Kreises von Menschen, deren Wissen und Interessen, deren Lektüre und Reisen, deren Denkart, Geschichtsauffassung und Konversation von nichts und niemand so stark beeinflußt und geformt waren wie von Jakob Burckhardt.« (»Basler Erinnerungen«)

36 Hesse zur Zeit der Niederschrift des »Peter Camenzind«.
»Wenn die Unabhängigkeit, die Nichtkäuflichkeit des Gewissens auch heute noch gültige Ideale für geistige Leistung sind, so verdankt unsere Zeit das vorbildlichen Geistern wie Burckhardt« (H. H. 1935 in e. Rezension)

37 Der Verleger Samuel Fischer (1859 – 1934).
38 Buchumschlag der Erstausgabe 1904 im S. Fischer Verlag, Berlin.
39 Walther Rathenau (1867 – 1922).
Zu den ersten Rezensenten des Buches gehörten Stefan Zweig und Walther Rathenau, der es u. d. T. »Ein gutes Buch« im selben Jahr besprach. In einem Brief an Hesse schreibt er 1918: »Die erste und einzige Buchbesprechung, die ich je geschrieben habe … betraf Ihr Buch ›Peter Camenzind‹ Der Herausgeber meinte damals, sie habe dem Buche gedient, und ich wünsche, daß dies der Fall gewesen sein möchte.«

Peter
Camenzind
von
Hermann
Hesse.
C-R

40/41 In Calw schrieb Hesse – als Ergebnis zweier Italienreisen (1901 u. 1903) – die biographischen Studien »Boccaccio« (im Februar 1904) und »Franz von Assisi« (im Mai 1904), welche noch im selben Jahr erschienen. Buchschmuck von Heinrich Vogeler.

GAIENHOFEN

42 »Während ich in Calw bei Vater und Schwestern ›Unterm Rad‹ schrieb, entdeckte meine Frau das badische Dorf Gaienhofen am Untersee und darin ein leerstehendes Bauernhaus an einem stillen Platz gegenüber der Dorfkapelle.« Am 10. 8. 1904 bezieht Hesse dieses Haus, das er 3 Jahre bewohnte.

43 Bootsanlegeplatz in Gaienhofen mit Hesses Ruderboot im Vordergrund. »Kulturmenschen gibt es hier nicht, auch keinerlei Komfort, und ich muß sogar fast alle Lebensmittel im Ruderboot aus dem nächsten Städtchen [Steckborn in der Schweiz] holen.« (Brief 1904).

44 Maria (genannt Mia) Hesse, geb. Bernoulli (1868 – 1963), Mutter der 3 Söhne Hermann Hesses.
45 Hermann Hesse in Gaienhofen um 1909.

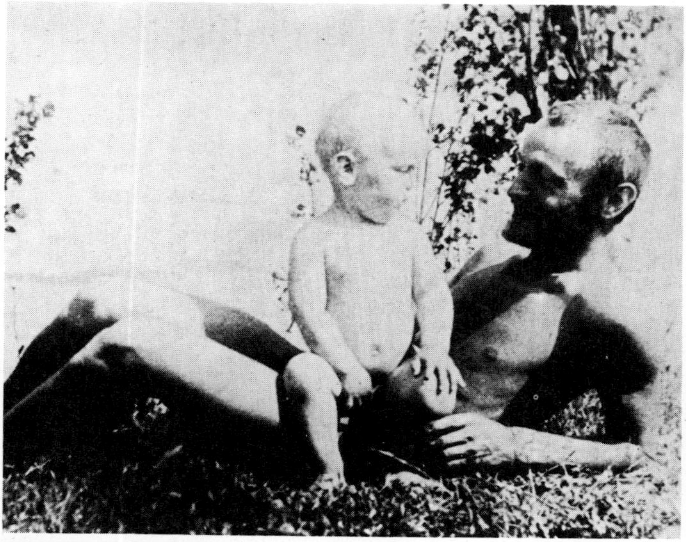

46 Mit seinem ersten Sohn Bruno am Bodensee in Gaienhofen.
47 Das 1907 von Hesse in Gaienhofen erbaute eigene Haus »Am Erlenloh«.
48 1906 in Fiesole beim Chianti.
»Man warnt vor dem Beruf des Dichters
Auch vor dem Flöten, Trommeln, Geigen
Weil Leute ähnlichen Gelichters
So oft zu Trunk und Leichtsinn neigen.«
(aus Hesses unpublizierten Scherzgedichten)

Unterm Rad
von
Hermann Hesse
S. Fischer/Verlag/Berlin.

Diesseits/
Erzählungen von
Hermann Hesse
S. Fischer/Verlag
Berlin

Nachbarn
Erzählungen von
Hermann Hesse
S. Fischer/Verlag
Berlin

49, 50, 51 Die in Calw und Gaienhofen entstandenen Erzählungen, 1906, 1907 und 1908 erschienen, mit Umschlagentwürfen von E. R. Weiß.
52 Der junge Theodor Heuss (1884 – 1963), der seit dem »Hermann Lauscher« mit Aufmerksamkeit alle Neuerscheinungen Hesses verfolgte und viele davon – bis hin zum »Glasperlenspiel« – rezensierte, publizierte Besprechungen über jeden dieser Erzählungsbände.
»Die nachwachsenden Jugendgenerationen werden die bleibende, wunderbare Echtheit im Handwerklichen erspüren: Hesse schreibt, so will mir scheinen, unter den Heutigen das schönste Deutsch, ob seine Sätze Farbigkeit, ja Lyrismus vortragen, ob sie mit einer schier kargen und sehr bewußten Schlichtheit des Ausdrucks darstellen.«
Theodor Heuss

53 Der junge Oskar Loerke (1884 – 1941), künftiger Lektor Hesses im S. Fischer Verlag, der 1904 nach der Lektüre des »Camenzind« in sein Tagebuch notierte: »Ein sehr gutes Buch. Ich glaube, es gehört zu denen, die lange und verstohlen mitklingen.« (oben)

»Als stärkste lyrische Schöpferkraft neben Trakl und Benn war er durch Jahrzehnte ein heimlicher König der modernen avantgardistischen Dichtung, ein hundertmal nachgeahmter Bahnbrecher, Vorbild und Vater der Besten seiner Generation und der nachfolgenden.«

Hesse 1958 über Loerke

54 Stefan Zweig (1881 – 1942) seit 1903 mit Hesse zeitlebens in Korrespondenz, besuchte ihn erstmals 1905 in Gaienhofen.

55 Die Söhne Heiner (geb. 1909), Bruno (geb. 1905)
und Martin (geb. 1911).
56 Mit Emil Strauß in Bernrain bei Emmishofen am Bodensee.

7. September 1912 Preis 50 Pf.

März

Eine Wochenschrift

Gegründet von Albert Langen

Herausgeber:

Ludwig Thoma · Hermann Hesse

Aus dem Inhalt:

J. Fischer, Heilbronn, Eine Entscheidungsfrage für den Liberalismus
Hans Dominik, Elektrisches Fernsehen
Maxim Gorki, Klagen
Hermann Hesse, Gedichte von Bruno Frank
Theodor Heuß, Die Deutschen im amerikanischen Bürgerkriege

6. Jahrgang
Heft 36

März-Verlag
G.m.b.H.
München

57 Im Januar 1907 erschien das erste Heft der liberalen, gegen das persönliche Regiment Wilhelms II. gerichteten Wochenzeitschrift »März«, für die Hesse gemeinsam mit Ludwig Thoma bis Ende 1912 als Mitherausgeber zeichnete. Ab 1913 war Theodor Heuss der verantwortliche Redakteur des »März«.

»Ich suchte mit Langen den Poetenwinkel am Bodensee auf, allwo zwei ganz feine Kerle, und nicht zuviel gesagt, die zwei allerfeinsten sitzen. Zu Überlingen der Emil Strauß und in Gaienhofen der Hermann Hesse ... Wir wollen in Politik, Literatur, Kunst und Wissenschaft alles sammeln, was in Süddeutschland etwas weiß und kann.«

Thoma 1906 in einem Brief an Conrad Haußmann.

58 Ludwig Thoma (1867 – 1921), ein Protrait, das er Hesse schenkte.

59 Der Verleger Albert Langen (1869 – 1909). Er forderte Hesse, den er durch seine ständige Mitarbeit am »Simplicissimus« kannte, 1906 auf, die Zeitschrift »März« mit herauszugeben. In seinem Verlag erschien 1910 Hesses Musikerroman »Gertrud« (links.)

60 Conrad Haußmann (1857 – 1922), Politiker, seit 1890 Mitglied des Reichstags, mit Hesse seit 1908 befreundet, ständiger Mitarbeiter des »März«, ab Oktober 1918 Privatsekretär des Reichskanzlers Prinz Max von Baden.

61 Othmar Schoeck (1886 – 1957), einer der bedeutendsten Liederkomponisten seit Hugo Wolf, mit Hesse seit 1906 befreundet. Er vertonte 23 Gedichte Hermann Hesses.

»Ich habe Hunderte Kompositionen mit Achselzucken oder mit Schaudern über meine Gedichte ergehen lassen. In Schoecks Vertonungen ist nirgends das leiseste Mißverständnis des Textes, nirgends fehlt das zarteste Gefühl für Nuancen, und überall ist mit fast erschreckender Sicherheit der Finger auf das Zentrum gelegt, auf jenen Punkt, wo um ein Wort oder um die Schwingung zwischen zwei Worten sich das Erlebnis des Gedichtes gesammelt hat ...
Er liest Verse oder sieht Bilder wie ein Jäger Wildspuren liest.«
Hesse 1931 über Schoeck

62/63 Von Otto Blümel entworfene Titelblätter der Erstausgaben.

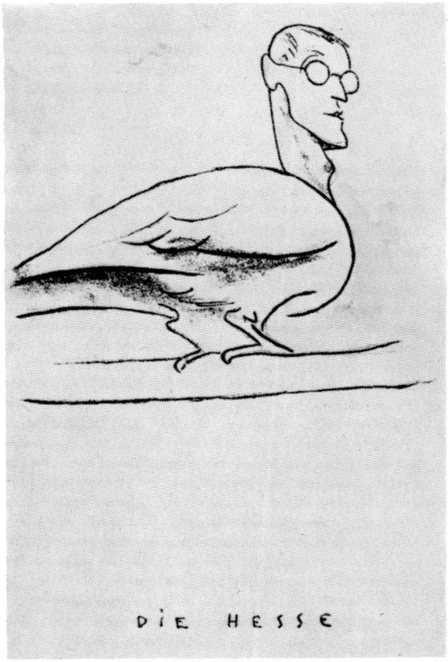

64/65 Hesse-Karikaturen von Olaf Gulbransson.
»Die Hesse, so wird eine liebliche Waldtaube genannt, die man aber wild nicht mehr antrifft. Ihrer Zierlichkeit wegen wurde sie ein beliebter Käfigvogel, der den Besucher damit ergetzt, daß er im Käfig immer noch sich gebärden tut, als wäre er im freien Walde ... Er verschafft dadurch dem ... Stadtbewohner die Sensation der Natur, und wird solches erhöht von ganz kleinen Drüsen ... aus denen sie einen Geruch absondert, der leise an Tannenduft erinnert.« Franz Blei, »Das große Bestiarium.«
66 Olaf Gulbransson (1873 – 1958), norwegischer Maler und Karikaturist, seit 1902 Illustrator des »Simplicissimus«, mit Hesse befreundet.

67 Thomas Mann, den Hesse im April 1904 durch S. Fischer in München kennenlernte. Bereits 1903 hatte Hesse dessen Novellenband »Tristan« rezensiert. »Thomas Mann ist vielleicht der einzige unter unsern ›Intellektuellen‹ in der schönen Literatur, bei dem ein großes Darstellungsvermögen dem geübten skeptischen Verstand die Waage hält. Seine Novellen sind weniger Erzählungen als Charakterstudien.« (Rezension, 1909).
Thomas Mann über Hesse: »Unter der literarischen Generation, die mit mir angetreten, habe ich ihn früh als den mir Nächsten und Liebsten erwählt und sein Wachstum mit einer Sympathie begleitet, die aus Verschiedenheiten so gut ihre Nahrung zog wie aus Ähnlichkeiten.«
68 Der Münchener Stachus um 1910. In den fünf Jahren seiner Herausgebertätigkeit bei der Zeitschrift »März« kam Hesse häufig nach München; beschrieben u. a. in Erzählungen wie »Taedium vitae«, »Der Weltverbesserer«.

Wer innerhalb gewisser Grenzen
Die edle Poesie betreibt,
Der ahnt oft nicht die Konsequenzen,
Die er auf sich herniederschreibt.

69/70 Hermann Hesse ca. 1907 in München.

Wer seinen Dienst am Dienstag nie
Auf Donnerstag vertagt,
Der tut mir leid, er ahnt nicht wie
Der Mittwoch dann behagt.

(aus Hesses unpublizierten Scherzgedichten)

71 Hermann Hesse auf der Veranda seines Gaienhofener Hauses »Am Erlenloh«. Ein Scherenschnitt von Otto Blümel. »Nun waren wir also richtig für Lebzeiten eingerichtet und angesiedelt ... Aber die Ewigkeit für die wir gebaut hatten, dauerte nicht lange. Ich hatte Gaienhofen erschöpft, es war dort kein Leben mehr für mich, ich reiste nun häufig für kurze Zeiten weg und fuhr schließlich sogar nach Indien.«
72 Wilhelm Raabe, den er 1909 nach einer Vorlesung in Braunschweig besuchte, geschildert in der Erinnerung »Besuch bei einem Dichter«.

»Die Literaturgeschichte spricht von ihm mit Achtung, sie kennt ihn, hat von ihm Notiz genommen, aber das eigentliche Wunder seiner Person und seines Wortes ist noch immer nicht erkannt. Von seinen Zeitgenossen sind z. B. Storm und auch Fontane in den Literaturgeschichten sicherer und besser eingeordnet als er ... Aber man hat es bei seinem Vorfahren Jean Paul erlebt, daß ein Dichter, über den dreißig Jahre lang jeder Hochschulprofessor der Literatur die inzwischen vermoderte Nase rümpfte, wieder mit allen Kränzen des Ruhms behangen werden kann.«

73/74 Hesse an Bord des Dampfers »Prinz Eitel Friedrich« des Norddeutschen Lloyd, während seiner Reise nach Indien, im Herbst 1911.

Rechts von Hesse sein Freund und Reisebegleiter, der Maler Hans Sturzenegger.
»1911 war ich in Indien, dorthin führte mich eine Tradition vom Vater und Großvater her. Die Lehren des alten Indien und der alten Chinesen haben ebensoviel Einfluß auf mich gehabt, wie das pietistisch gefärbte Christentum des Elternhauses.«

75 Hesses Indienreise. Szene aus einem Schattenspiel von Otto Blümel, rechts H. H. mit Schmetterlingsnetz. »Der ganze Osten atmet Religion, wie der Westen Vernunft und Technik atmet. Primitiv und jedem Zufall preisgegeben scheint das Seelenleben des Abendländers, verglichen mit der geschirmten, gepflegten, vertrauensvollen Religiosität des Asiaten … Ob Religion etwas sei, das überwunden oder ersetzt werden könne, mag Frage bleiben. Daß Religion oder deren Ersatz das ist, was uns zutiefst fehlt, das ist mir nie so unerbittlich klar geworden wie unter den Völkern Asiens.«

»Die unterdrückten Völker der Tropenländer stehen unserer Zivilisation als Gläubiger mit älteren und gleichbegründeten Rechten gegenüber wie etwa die Arbeiterklasse in Europa. Wer im eigenen Automobil im Pelz an Arbeitern vorbeifährt, die müde und frierend nach Hause gehen, kann keine ernsteren Fragen an sich stellen, als wer auf Ceylon oder Sumatra oder Java als Herr zwischen lautlos bedienenden Farbigen lebt.«

Hesse 1914 in seiner »Erinnerung an Asien«.

76 Die Erstausgabe der »Aufzeichnungen von einer indischen Reise«, 1913. Einbandentwurf von E. R. Weiß u. K. A. Mende. »An Völkern sah ich Malaien und Javaner, Tamilen, Singhalesen, Japaner und Chinesen. Über letztere ist nur Großes zu sagen: ein imponierendes Volk! Die Mehrzahl der andern sind arme Reste einer alten Paradiesmenschheit, die vom Westen korrumpiert und gefressen wird, liebe, gutartige, geschickte und begabte Naturvölker, denen unsere Kultur den Garaus macht. Wenn die Weißen das Klima hier besser vertrügen und ihre Kinder hier aufwachsen lassen könnten, gäbe es keine Inder mehr.«
(Brief, Nov. 1911)

BERN

Am 15. 9. 1912 übersiedelte Hesse mit seiner Familie nach Bern.
77 Blick auf die Altstadt von Bern.
78 Die Junkerngasse mit dem Münster.

79 Das Haus am Melchenbühlweg, ehemaliger Wohnsitz des befreundeten Malers Albert Welti. Hesse bewohnte dieses »verwahrloste alte Aristokratengütchen« bis zum April 1919. Das erste dort abgeschlossene Werk ist der Roman »Roßhalde«.
80 Kurt Tucholsky, seit Febr. 1913 mit H. H. in Briefkontakt, schrieb in der »Schaubühne« eine positive Besprechung dieses Romans.
81 Tucholskys Widmung in der Erstausgabe von »Rheinsberg«. »Gefreut hat mich«, schrieb Hesse 1932 an Kurt Tucholsky, »daß einer mehr in diesem trüben Deutschland da ist, dessen Denkart und literarisch-soziale Moral mir nahesteht und lieb ist. Nicht minder gefreut hat es mich, daß ein Mann der Presse, diese gewissenhaften, klaren, guten Sätze schreibt und diese Formulierungen findet, die man heut als beinah undeutsch empfindet, weil vernünftiges Durchdenken einer Sache bei uns fast ebenso selten geworden ist, wie der Sinn und das Gewissen für die eigene Sprache.«

Herrn Hermann Hesse
in herzlicher Verehrung
Tucholsky.

82 Hesse im Garten des Berner Hauses mit seiner Frau und Heiner, dem zweiten Sohn.
83 Einband der Erstausgabe des Eheromans »Roßhalde« von E. R. Weiß.
»Die unglückliche Ehe, von der das Buch handelt, beruht gar nicht nur auf einer falschen Wahl, sondern, tiefer, auf dem Problem der »Künstlerehe« überhaupt, auf der Frage, ob überhaupt ein Mann, der das Leben nicht nur instinktiv leben, sondern vor allem möglichst objektiv betrachten und darstellen will, ob so einer überhaupt zur Ehe fähig sei.«

Karl Walser

Sechzehn

Steinzeichnungen

zu

Hermann Hesses

Knulp

S. Fischer / Verlag / Berlin 1922

84 Die Geschichte des Landstreichers Knulp entstand zwischen 1907 und 1914 teils in Gaienhofen, teils in Bern. Erster Vorabdruck im Febr. 1908 in der »Neuen Rundschau«. Die Buchausgabe erschien erst 1915 in »Fischers Bibliothek zeitgenössischer Romane«.
Karl Walser, der Bruder Robert Walsers, schuf die ersten Illustrationen zum »Knulp«, die 1922 in einmaliger Auflage von 360 signierten Expl. erschienen.
Stefan Zweig im Oktober 1915 an Romain Rolland:
»Hesses jüngstes Buch ›Knulp‹ ist für mich sein schönstes: ein Deutschland ist darin, das niemand kennt, selbst wir Deutschen nicht, und das wahrhaft liebenswert ist.«

Feuilleton.

O Freunde, nicht diese Töne!

Von Hermann Hesse.

Die Völker liegen einander in den Haaren und jeden Tag leiden und sterben Ungezählte in furchtbaren Kämpfen. Mitten zwischen den aufregenden Nachrichten vom Kriegsschauplatz fiel mir, wie das so geht, ein längst vergessener Augenblick aus meinen Knabenjahren ein. Da saß ich, vierzehnjährig, an einem heißen Sommertag in Stuttgart in dem berühmten schwäbischen Landexamen, und als Aufsatzthema wurde uns diktiert: „Welche guten und welche schlechten Seiten der menschlichen Natur werden durch einen Krieg geweckt und entwickelt." Meine Arbeit über dies Thema beruhte auf keinerlei Erfahrung und fiel entsprechend traurig aus, und was ich damals, als Knabe, unter Krieg sowohl wie unter Kriegstugenden und Kriegslastern verstand, stimmt nicht mehr mit dem zusammen, was ich heute so nennen würde. Aber im Anschluß an die täglichen Ereignisse und an jene kleine Erinnerung habe ich dem Krieg in dieser Zeit viel nachgedacht, und da jetzt doch einmal der Brauch eingerissen ist, daß Männer der Studierstube und des Ateliers ihre Meinungen hierüber kundgeben, scheue ich mich nicht länger, auch die meine auszusprechen. Ich bin Deutscher und meine Sympathien und Wünsche gehören Deutschland, aber was ich sagen möchte, bezieht sich nicht auf Krieg und Politik, sondern auf die Stellung und Aufgaben der Neutralen. Damit meine ich nicht die politisch neutralen Völker, sondern alle diejenigen, die als Forscher, Lehrer, Künstler, Literaten am Werk des Friedens und der Menschheit arbeiten.

Da sind uns in letzter Zeit betrübende Zeichen einer unheilvollen Verwirrung des Denkens aufgefallen. Wir hören von Aufhebung der deutschen Patente in Rußland, von einem Boykott deutscher Musik in Frankreich, von einem ebensolchen Boykott gegen geistige Werke feindlicher Völker in Deutschland. Es sollen in sehr vielen deutschen Blättern künftig Werke von Engländern, Franzosen, Russen, Japanern nicht mehr übersetzt, nicht mehr anerkannt, nicht mehr kritisiert werden. Das ist kein Gerücht, sondern Tatsache und schon in die Praxis getreten.

Also ein schönes japanisches Märchen, ein guter französischer Roman, von einem Deutschen noch vor Kriegsbeginn treu und liebevoll übersetzt, muß jetzt totgeschwiegen werden. Eine schöne, gute Gabe, mit Liebe unserm Volke dargebracht, wird zurückgestoßen, weil einige japanische Schiffe Tsingtau bekriegen. Und wenn ich heute das Werk eines Italieners, eines Türken, eines Rumänen lobe, so darf das nur mit dem Vorbehalt gelten, daß nicht vor Beendigung des Abdrucks in diesen Völkern ein Diplomat oder Journalist die politische Lage ändert!

Anderseits sehen wir Künstler und Gelehrte mit Protesten gegen kriegführende Mächte auf den Plan treten. Als ob jetzt, wo die Welt in Brand steht, solche Worte vom Schreibtisch irgend einen Wert hätten. Als ob ein Künstler oder Literat, und sei er der beste und berühmteste, in den Dingen des Krieges irgend etwas zu sagen hätte. Als ob Heeresleiter in ihren Aktionen sich von solchen Worten beeinflussen lassen könnten und dürften.

85 Neben Karl Kraus, Heinrich Mann und Stefan Zweig gehörte Hesse zu der verschwindend kleinen Zahl deutscher Intellektueller, welche die allgemeine Kriegspsychose nicht teilten. »O Freunde, nicht diese Töne!« war der erste von zahlreichen, während der Kriegsjahre publizierten Mahnrufen Hesses, am 3. 11. 1914 in der »Neuen Zürcher Zeitung« erschienen.

86 Mobilmachung bei Ausbruch des Ersten Weltkriegs. »Für nahezu zehn Jahre war der Protest gegen den Krieg, gegen die rohe, blutsaufende Dummheit der Menschen, der Protest gegen die »Geistigen« namentlich, die den Krieg predigten, für mich Pflicht und bittere Notwendigkeit.« (Brief, ca. 1930)

Jeder hat's gehabt,
Keiner hat's geschätzt,
Jeden hat der süße Quell gelabt,
O wie klingt der ~~[illegible]~~ Namen
Frieden jetzt!

Klingt so fern u. zag,
Klingt so tränenschwer,
Keiner weiß u. nennt den Tag,
Jeder sehnt ihn voll Verlangen her.

—

Sei willkommen einst,
Erste Friedensnacht,
Milder Stern, wann endlich du erscheinst
Überm Feuerdampf der letzten
Schlacht.

—

Dir entgegen blickt
Jede Nacht mein Traum,
Ungeduldig rege Hoffnung pflückt
Ahnend schon die goldne Frucht vom Baum.

—

Sei willkommen einst,
Wenn aus Blut u. Not
Du am Erdenhimmel uns erscheinst,
Unsrer schönen Zukunft Morgenrot!

—

Meinem lieben
Conrad Haußmann
von seinem H Hesse
Stuttgart 11. X. 1914.

87 Erste Niederschrift des Gedichtes »Friede« in das Gästebuch Conrad Haußmanns in Stuttgart.
88 Hermann Hesse kurz vor Ausbruch des Ersten Weltkriegs.

Ein neues Kapitel der Gefangenen-Fürsorge.

Bericht aus Davos

von

Hermann Hesse.

I.

Seit kurzem ist nun endlich der erste Anfang zur „Hospitalisierung" kranker Kriegsgefangener in der Schweiz gemacht. Der schöne und für die nächste Zukunft hoffentlich noch weiter wirkende Gedanke dazu ging vom Vatikan aus; es hat lange gedauert, bis zwischen Deutschland, Frankreich und der Schweiz die Verhandlungen so weit gediehen, daß der fruchtbare Gedanke zur Tat werden konnte.

An sich bedeutet die Unterbringung kranker Kriegsgefangener in Kurorten eines neutralen Landes einen entschiedenen Fortschritt in der Fürsorge für die Opfer des Krieges. Man hat seit 1½ Jahren oft genug sagen hören, mit der Humanität sei es jetzt für eine gute Weile vorbei, sie sei ein schönes Wort für Gefühlsselige geworden, hinter dem keine Wirklichkeit stehe. Kraftnaturen haben sich über den scheinbaren Bankrott jener „Gefühlsduseleien" und über die neue Einstellung der Völker auf Kraft, auf intensive Leistung und gesund-primitive Machtinstinkte gefreut, und zum Teil mit gutem Grunde, denn wirklich kann niemand sich der Einsicht verschließen, daß der große Appell an Männlichkeit und Kriegertugend für Ungezählte einen Ruf zur Genesung, zur Einkehr, zur Ermannung bedeutete.

89 Romain Rolland (1866 – 1944), von 1915 – 1940 mit Hesse in freundschaftlichem Briefwechsel, der mit einem Dankbrief zu Hesses erstem Anti-Kriegsaufsatz begann.

90 Beginn eines mehrteiligen Berichtes in der Zeitung »Der Tag«, Berlin, vom 12. und 16. 7. 1916.

Von Sept. 1915 – April 1919 arbeitete Hesse freiwillig im Dienst der Deutschen Kriegsgefangenen-Fürsorge, Bern, die über eine halbe Million Gefangene und Internierte in Frankreich, England, Rußland und Italien mit Lektüre versorgte. Daneben redigierte er 2 Gefangenen-Zeitschriften und gab eine Buchreihe für deutsche Kriegsgefangene heraus

»Es handelt sich garnicht bloß um eine humanitäre Leistung, sondern um eine politische und volkserzieherische, denn die geistigen und moralischen Gefahren sind groß.«
(Brief, 1916)

91 Mit seinem ältesten Sohn Bruno auf der Schaafschnur über dem Öschinensee im Sommer 1915.
92 Einband der Erstausgabe »Am Weg«, 8 Kurzprosastücke, 1915 bei Reuß & Itta in Konstanz erschienen.

Auf Robert Walser (l.) und Franz Kafka hat Hesse schon früh in zahlreichen Rezensionen und Aufsätzen immer wieder hingewiesen.

93 »Wenn solche Dichter wie Walser zu den ›führenden Geistern‹ gehören würden, so gäbe es keinen Krieg ... ein reiner Musikant, dies gibt jeder seiner Dichtungen den Zauber einer beinah wieder zur Natur gewordenen Kunst, einer schon beinah wieder kindlich und naiv gehandhabten Virtuosität.«

94 »Man wird über diesen pedantisch-exakten Phantasten, der ein vorbildliches Deutsch geschrieben hat und der viel mehr war als nur ein Phantast und Dichter, noch nachdenken und diskutieren, wenn das meiste vergessen ist, was wir heut an deutscher Literatur unserer Zeit schätzen.«

95 Dr. Josef Bernhard Lang (1883 – 1945), ein Schüler C. G Jungs, wurde 1916 Hesses Arzt und ist als »Pistorius« in der Erzählung »Demian« dargestellt. Radierung von Gregor Rabinowitsch. Bei ihm suchte Hesse Heilung nach einer, von »monatelanger Überarbeitung« und dem plötzlichen Tod seines Vaters ausgelösten Nervenkrise. »Zur Zeit spüre ich nur das Abwelken von Trieben und Denkweisen, die mir einst lieb und lebendig waren und das Werden von Neuem, das noch unklar ist und mehr Angst als Freude macht. Auch diese Entwicklung hat der furchtbare Krieg beschleunigt durch den quälenden Druck den er übt.« (Brief, 1916)

Hesses Vater kurz vor seinem Tod am 8. 3. 1916.

96 »Ich bin auf der Heimkehr vom Begräbnis meines Vaters plötzlich zusammengeklappt. Ein fast unerträglicher Kopfschmerz plagt mich am meisten, sonst nur Schwäche, etwas Schwindel und Angstzustände« schreibt Hesse im März 1916 an Otto Blümel.

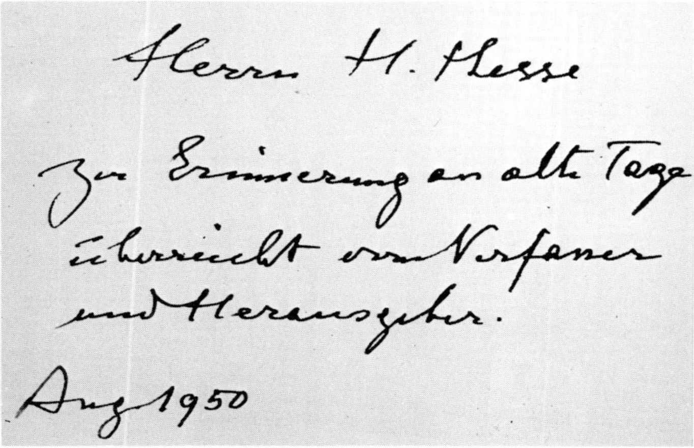

Herrn H. Hesse

Zur Erinnerung an alte Tage
überreicht vom Verfasser
und Herausgeber.

Aug 1950

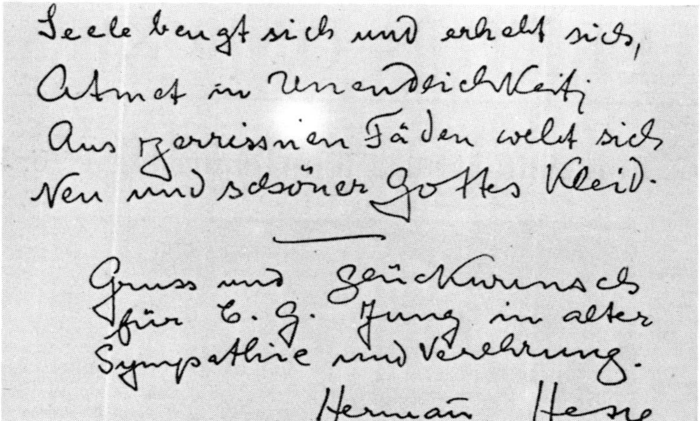

Seele beugt sich und erhebt sich,
Atmet in Unendlichkeit;
Aus zerrissnen Fäden webt sich
Neu und schöner Gottes Kleid.

———

Gruss und Glückwunsch
für C. G. Jung in alter
Sympathie und Verehrung.
Hermann Hesse

97 Widmung C. G. Jungs für Hesse in »Gestaltungen des Unbewußten« Rascher Verlag 1950.
98 Hesses Glückwunsch zu C. G. Jungs 80. Geburtstag am 26. 7. 1955.
99 C. G. Jung (1875 – 1961), spätestens seit 1919 mit Hesse in Briefwechsel. 1921, während der fast anderthalb Jahre dauernden Krise zwischen der Niederschrift des ersten und zweiten Teils des »Siddhartha« begab sich H. H. zu ihm in psychoanalytische Behandlung.

Zarathustras
Wiederkehr

Ein Wort an die deutsche Jugend
Von einem Deutschen

BERN
Verlag von Stämpfli & Cie.
1919

Demian
Die Geschichte einer Jugend
von
Emil Sinclair

S. Fischer, Verlag
Berlin

100 Anonym erschienene Erstausgabe der politischen Flugschrift »Zarathustras Wiederkehr«, 1919.
»Wir müssen nicht hinten beginnen bei den Regierungsformen und politischen Methoden, sondern wir müssen vorn anfangen, beim Bau der Persönlichkeit, wenn wir wieder Geister und Männer haben wollen, die uns Zukunft verbürgen ›. . .‹ die Wurzeln tiefertreiben, nicht an den Ästen rütteln«.
101 Erstausgabe des »Demian«, die 1919 unter dem Pseudonym Emil Sinclair erschien.
102 Illustration Gunter Böhmers zu Hesses »Demian«.

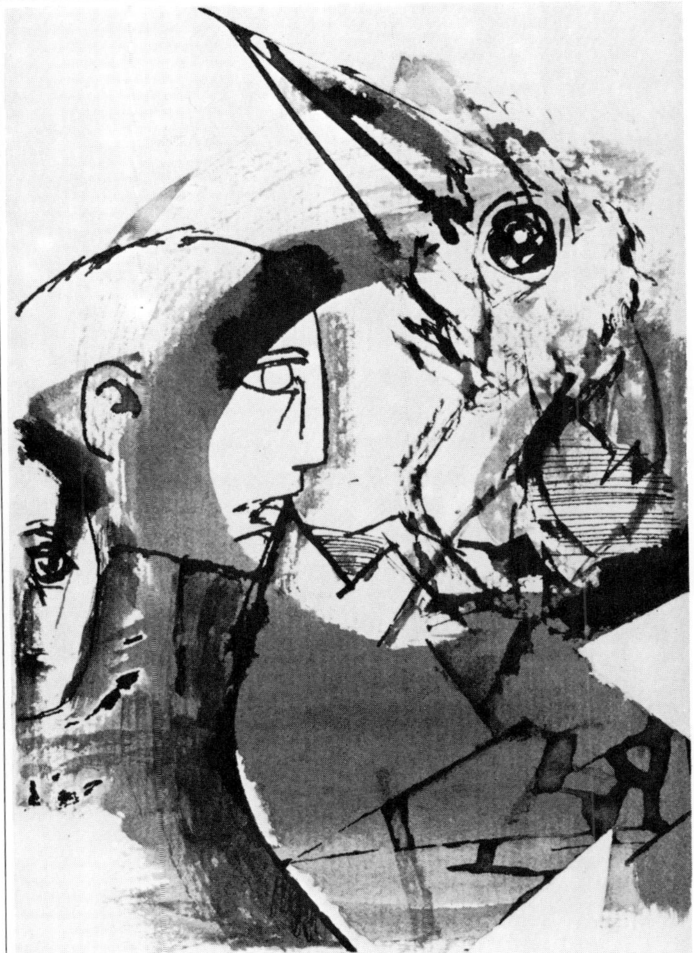

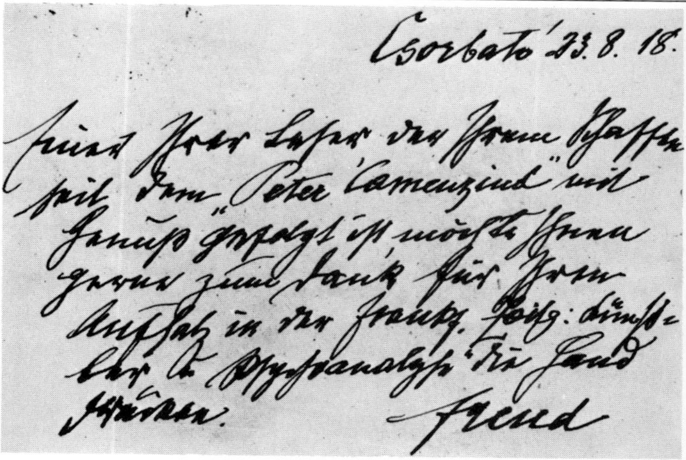
Csorbato 23. 8. 18.

Einer Ihrer Leser, der Ihrem Schaffen seit dem „Peter Camenzind“ mit Genuß gefolgt ist, möchte Ihnen gerne zum Dank für Ihren Aufsatz in der Frankf. Zeitg: „Künstler u. Psychoanalyse“ die Hand drücken.

Freud

103 Postkarte Sigmund Freuds an Hesse, worin er sich für den am 16. 7. 1918 in der »Frankfurter Zeitung« publizierten Aufsatz »Künstler und Psychoanalyse« bedankt.

104 Sigmund Freud (1856 – 1939), für den sich Hesse seit 1918 in Rezensionen und Aufsätzen einsetzte. »Das Schöne und merkwürdig Reizvolle an den Schriften Freuds ist das Hingezogensein eines ungewöhnlich starken Intellekts zu Fragen, die alle ins Überrationale führen, der immer erneute, geduldige, dabei kühne Versuch eines disziplinierten Geistes, mit dem doch stets zu groben Netz reiner Wissenschaftlichkeit das Leben selbst einzufangen. Der sorgfältige Forscher und klare Logiker Freud hat sich ein vorzügliches Instrument in seiner ganz intellektualistischen, aber prachtvoll scharfen, genau definierenden, gelegentlich auch kampf- und spottlustigen Sprache geschaffen – von wie vielen unserer Gelehrten kann man das sagen?« (Rezension, 1925).

„Vivos voco".

Ein Dichter und ein Gelehrter, die seit Jahren gemeinsam in der Fürsorgearbeit tätig sind und dabei eine große Menge Elend kennen gelernt haben, versuchen auf ihre Weise zur Linderung der immer mehr wachsenden Not des deutschen Volkes beizutragen. Sie haben eine Zeitschrift gegründet, **„Vivos voco"**, die literarischen und politischen Ehrgeiz hat, die aber in den nächsten Jahren vorzugsweise dem dienen will, was die Herausgeber und Viele mit Ihnen als das zur Zeit Allerdringendste erkannt haben: der **Fürsorge** für die der Hilfe am meisten Bedürftigen, vor allem für die deutschen Kinder als die Träger unserer so schwer gefährdeten Zukunft.

Nicht nur soll der Ertrag der Zeitschrift der Kinderfürsorge zugute kommen, sondern sie will auch versuchen, über alle Bestrebungen auf dem weiten Gebiete der Fürsorge Auskunft zu geben und den Dilettantismus und Bürokratismus, der nirgends so schädlich hervortritt wie hier, nach Möglichkeit zu bekämpfen. Neben dem Kampf gegen Hunger und Krankheit unserer Kinder halten Hesse und Woltereck für die wichtigsten Tagesfragen die **Jugendbewegung und Erziehungsreform.** Diesen Fragen der körperlichen und der „geistigen" Jugendfürsorge, von deren richtiger Behandlung nicht nur für Deutschland so ungeheuer viel abhängt, will die Zeitschrift ihre besondere Aufmerksamkeit widmen, ohne daß deshalb die künstlerischen und politischen Probleme vernachlässigt werden.

Die Ziele der Zeitschrift sind von den Herausgebern in kurzen Aufsätzen besprochen worden mit denen das 1. und 2. Quartal (Heft 1 und 4) eingeleitet werden. Außerdem sei auf die große Novelle von Hermann Hesse in den Heften 1—3 „Klein und Wagner" hingewiesen. In dieser Arbeit tritt die große Wandlung, die Hesses Kunst unter der Einwirkung der letzten fünf Jahre erfahren hat, zum ersten Male deutlich hervor. Ferner erwähnen wir die literarischen Beiträge von Klabund und Sinclair, die programmatischen Aufsätze Wolterecks über die „Neue Jugend und die Führerschaft Deutschlands", über „Kultursiedelungen" und über „Geistige Nothilfe für Deutschland und Österreich". Aufsätze von Eduard Spranger, Otto Flake, Prof. Kampfmeyer, Prof. Hildenbrand, Oberst Feldmann, u. a. behandeln verschiedene Gebiete der geistigen, politischen und wirtschaftlichen Reformen. Überdies enthält jedes Heft eine Auswahl von Notizen unter den vier ständigen Rubriken: „Aus der **Fürsorgearbeit"**, „Aus der **Jugendbewegung und Erziehungsreform"**, „Notizen **zur Zeit"**, „Aus der **Literatur"**. Die letztgenannte Rubrik, welche fast ausschließlich Buchbesprechungen aus der Feder Hermann Hesses enthält, wird die Leser der Zeitschrift besonders fesseln.

„Vivos voco" erscheint monatlich im Kommissions-Verlage von Seemann & Co. in Leipzig und ist in der Schweiz durch die Buchhandlung A. Francke-Bern oder durch die Administration in Bern-Gümligen zu beziehen. Sie ist kein geschäftliches Unternehmen, sondern bildet ein Glied der deutschen Kinderfürsorge, der sie ihre Reineinnahmen zu überweisen hat.

HERMANN HESSE

Blick ins Chaos

VERLAG SELDWYLA BERN
1920

105 Vorankündigung der von Hesse und Richard Woltereck gegründeten deutschen Monatsschrift »Vivos voco«, als deren Mitherausgeber Hesse bis Ende 1921 zeichnete.
106 Titelblatt der Zeitschrift, deren erstes Heft im Oktober 1919 erschien.
107 Eine der von Hesse im Rahmen seiner Fürsorgetätigkeit betreuten Publikationen.
»Ich plage mich schon wieder mit den Arbeiten für die Weihnacht der Gefangenen und sehe dem Welttheater nicht zufriedener zu als vor zwei oder vier Jahren. Die ganze Welt schießt und sticht aufeinander los, weil keiner einen Fehler bei sich erkennen und zugeben und bessern will – schießen geht ja viel leichter.« (Brief, August 1918)
108 »Blick ins Chaos«, Zwei Essays über Dostojewski und ein Sprechstück. »Wie sehr die ganze Arbeit seit dem »Zarathustra«Büchlein in sich zusammenhängt, bis in meine letzte Arbeit über Dostojewski hinein, und nicht gewollte, sondern wie vorbestimmte Wege geht, ... ist mir selbst oft noch erstaunlich.« (Brief, 1919)

109 T. S. Eliot (1888 – 1965), der Hesse im Mai 1922 nach der Lektüre von »Blick ins Chaos« in Montagnola besuchte. »J'ai fait la connaissance de votre ›Blick ins Chaos‹, pour lequel j'ai conçu une grande admiration. Je trouve votre ›Blick ins Chaos‹ d'un sérieux qui n'est pas encore arrivé en Angleterre, et je voudrais en répandre la réputation.« (T. S. Eliot an Hesse am 13. 3. 1922) Eliots »Waste Land« wurde von Hesses »Blick ins Chaos«-Essays beeinflußt.

MONTAGNOLA

111 Im »Papageienhaus« in Carona. (Vgl. »Klingsors letzter Sommer«)
112 Die Casa Camuzzi in Montagnola, die Hesse vom Mai 1919 bis August 1931 bewohnte. Federzeichnung von Hesse (rechts oben). »Ich habe damals [1919 – ca. 1923], während meine Bücher in 25 Sprachen übersetzt wurden, jahrelang wie ein Bettler gelebt.«

110 Blick von Montagnola auf den Luganer See.

113 Blick auf das Dorf Montagnola.
114 Blick von der Terrasse des Camuzzi-Hauses auf »Klingsors« Garten. »Die ziegelgedeckte Brüstung vorn gehörte zur Dachterrasse meiner ersten Montagnoleser Wohnung, rechts das hohe Haus mit Treppengiebel war meine damalige Unterkunft, das kleine Balkönchen oben war das meines Arbeitszimmers. Klingsor beginnt mit diesem Balkon.« (Brief, 1956)
Aquarellierte Federzeichnung Hesses.

115 Klingsors »schmaler Steinbalkon« über dem alten Terrassengarten.
116 Hesse am Fenster seines Studierzimmers in der Casa Camuzzi, 1919.

117 Erinnerungsfoto an einen Ausflug nach Carona mit: (von r. n. l.) Hugo Ball, Emmy Ball-Hennings, Hesse und einer Freundin.
117a Mit Ruth Wenger, geschildert in »Klingsors letzter Sommer«, die er 1924 heiratete, um 1920.
»Nachts rannte der Mond wie irrsinnig über den Himmel, gleich war es wieder Morgen, und man kroch heim und hatte das Gilet voll Rotwein. Auch in Carona waren wir ... das feine Mädchen Ruth lief in einem feuerroten Kleidchen herum, begleitet von einer Tante, zwei Hunden und einem leider wahnsinnigen Klavierstimmer, es war eine herrliche Menagerie. Das Ganze endete in einem finsteren Grotto, der irgendwo steil in der Luft hing, unten sausten beleuchtete Eisenbahnen vorbei, man küßte Weiber und Baumstämme, es war grauenhaft schön.«
(Brief, 1919)

118 Blick aus Hesses Fenster in der Casa Camuzzi.
118a »In den Sommermonaten ist mein Hauptberuf nicht die Literatur, sondern die Malerei« ... »Ich habe mein Malstühlchen in der Hand, das ist mein Zauberapparat und Faustmantel, mit dessen Hilfe ich schon tausendmal Magie getrieben und den Kampf mit der blöden Wirklichkeit gewonnen habe.« (Aus »Aquarellmalen«, 1927).
119 Einband der Erstausgabe, 1920 von K. E. Mende.

Klingsors
letzter
Sommer
Erzählungen
von
Hermann Hesse
S. Fischer
Verlag / Berlin

120 Klingsors Garten, »ein tief durchschattetes Gewühl dichter Baumwipfel, Palmen, Zedern, Kastanien, Judasbaum Blutbuche, Eukalyptus, durchklettert von Schlingpflanzen, Lianen, Glyzinen.«

121 Ruth Wenger, Hesses zweite Frau.

SIDDHARTHA

Eine indische Dichtung

von

Hermann Hesse

1922

S. Fischer / Verlag / Berlin

122/123 Illustrationen aus indischen Ausgaben des »Siddhartha«.
124 Titelblatt der Erstausgabe.
»Siddhartha ist ein sehr europäisches Buch, trotz seines Milieus, und die Siddhartha-Lehre geht so stark vom Individuum aus und nimmt es so ernst wie keine einzige asiatische Lehre es tut ... Siddhartha ist der Ausdruck meiner Befreiung vom indischen Denken ... Der Weg meiner Befreiung aus jedem Dogma führt bis Siddhartha und geht natürlich weiter, wenn ich am Leben bleibe.« (Brief, 1925)
»Ich suchte das zu ergründen, was allen Konfessionen und allen menschlichen Formen der Frömmigkeit gemeinsam ist, was über allen nationalen Verschiedenheiten steht, was von jeder Rasse und von jedem Einzelnen geglaubt werden kann.« (Vorwort zur persischen Ausgabe, 1958)

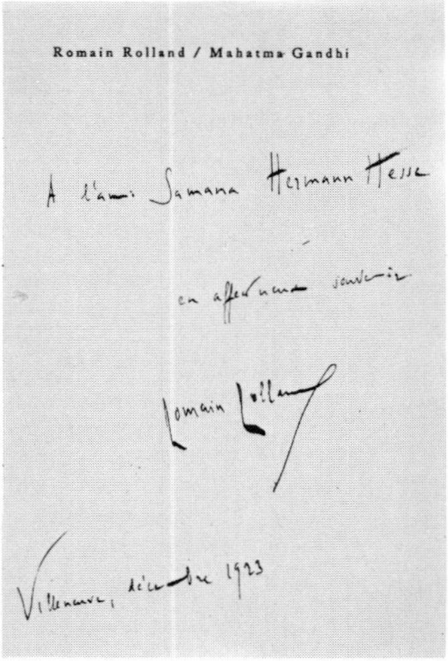
Romain Rolland / Mahatma Gandhi

A l'ami Samana Hermann Hesse

en affectueux souvenir

Romain Rolland

Villeneuve, décembre 1923

125 »Dem Freund Hermann Hesse, dem Samana, in herzlicher Erinnerung«. Widmung Romain Rollands in seinem Buch über Mahatma Gandhi, 1923.

126 Wilhelm Gundert (1880 – 1971). Der erste, im Juli 1921 in der »Neuen Rundschau« vorabgedruckte Teil des »Siddhartha« war Romain Rolland, der zweite dem Vetter Hesses, dem Japanologen Wilhelm Gundert, gewidmet.

127 Richard Wilhelm (1873 – 1930), Sinologe und Übersetzer der klassischen chinesischen Literatur (Kungfutse, Laotse, Dschuang Dsi, Mong Dsi, des I Ging, Li Gi und des Liä Dsi).

»Er war ein Vorläufer und ein Vorbild, ein Mensch der Harmonie, der Synthese zwischen Ost und West, zwischen Sammlung und Aktivität. Er ist keinem europäischen Problem davongelaufen, hat sich keinem Anruf des aktuellen Lebens entzogen, ist weder einem denkerischen noch einem ästhetischen Quietismus erlegen, sondern hat, Stufe um Stufe, die Befreundung und Verschmelzung der beiden großen, alten Ideale in sich vollzogen, hat China und Europa, Yang und Yin, Denken und Tun, Wirksamkeit und Beschaulichkeit in sich zur Versöhnung gebracht.«

128 Hermann Hesse um 1921, während der Entstehung des »Siddhartha«.

129 Henry Miller (geb. 1891), der sich schon in den frühen fünfziger Jahren für die Übersetzung der Bücher Hesses in den USA eingesetzt hat. Über sein Lieblingsbuch »Siddhartha« schrieb er: »Ein Buch, dessen Tiefe in der kunstvoll einfachen und klaren Sprache verborgen liegt, einer Klarheit, die vermutlich die geistige Erstarrung jener literarischen Philister aus dem Konzept bringt, die immer so genau wissen, was gute und was schlechte Literatur ist. Einen Buddha zu schaffen, der den allgemein anerkannten Buddha übertrifft, das ist eine unerhörte Tat, gerade für einen Deutschen. Siddhartha ist für mich eine wirksamere Medizin als das Neue Testament.«

VERENAHOF

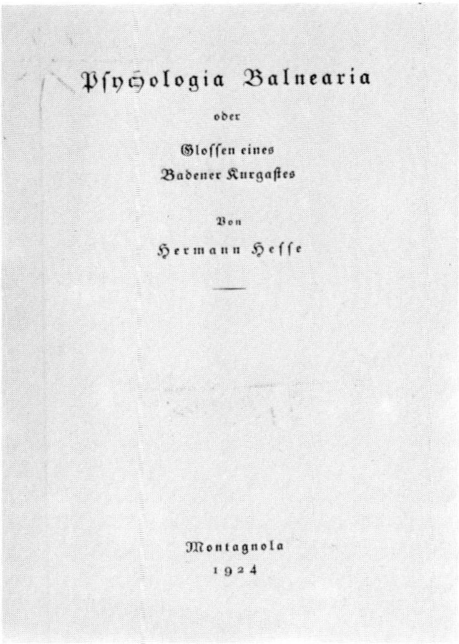

Psychologia Balnearia

oder

Glossen eines

Badener Kurgastes

Von

Hermann Hesse

Montagnola

1924

130 Das Badhotel »Verenahof« in Baden bei Zürich (der »Heiligenhof« im »Kurgast«), wo sich Hesse von 1923 bis 1952 alljährlich auf Einladung der Inhaber Markwalder einige Wochen vor Jahresende einer Kur unterzog. »Es ist damals das kleine Buch ›Kurgast‹ entstanden ... Angeregt teils durch die ungewohnte Muße des Kur- und Hotellebens, teils durch einige neue Bekanntschaften mit Menschen und Büchern fand ich eine Stimmung der Einkehr und Selbstprüfung, auf der Mitte des Weges vom Siddhartha zum Steppenwolf ... eine ironisch-spielerische Lust am Beobachten und Analysieren des Momentanen, eine Schwebe zwischen lässigem Müßiggang und intensiver Arbeit« (»Aufzeichnung bei einer Kur in Baden«, 1949)

131 Titelblatt der Erstausgabe des »Kurgast«, der zunächst als Privatdruck in 300 numerierten Exemplaren gedruckt wurde. Die Buchausgabe erschien ein Jahr später.

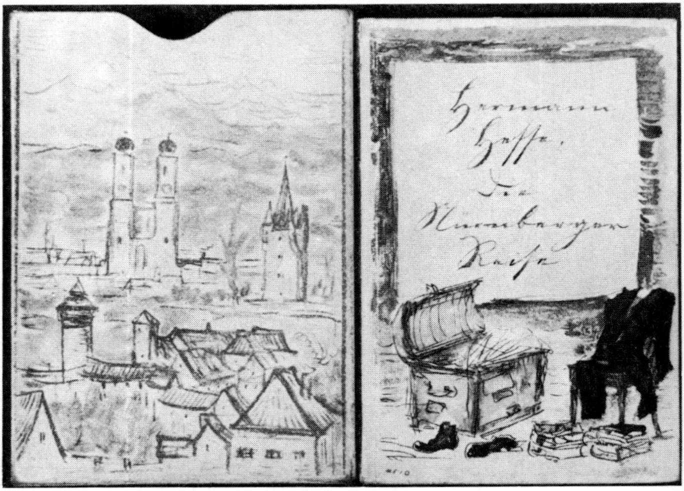

132 In den Jahren 1905 bis 1929 unternahm Hesse – meist in den Wintermonaten – größere Reisen innerhalb des deutschen Sprachgebietes, die er sich durch Lesungen in größeren Städten ermöglichte.
Im September 1925 reiste er zu Lesungen nach Ulm, Augsburg und Nürnberg, beschrieben in »Die Nürnberger Reise«, erschienen 1927 bei S. Fischer. Die Erstausgabe, Einband, Vorsatz und Titelblatt von Hans Meid.

133 Hermann Hesse 1925.
»Der Anlaß dieser Reise war nicht ihr Grund und so war ihr Ende nicht ihr Ziel. Hesse selbst erkennt, daß die wahren Antriebe dieser Fahrt fern in seinem früheren Leben liegen, und so messen sich unterwegs alte Träume mit dem Flüchtigen, Hastigen, Verwirrenden und Scheinhaften der Gegenwart.« Oskar Loerke

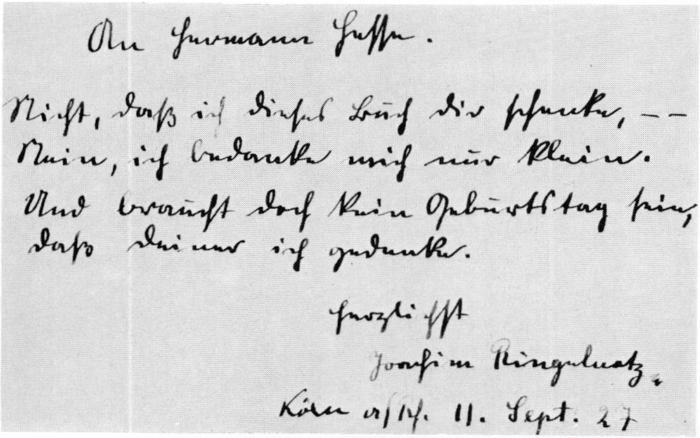

An Hermann Hesse.

Nicht, daß ich dieses Buch dir schenke, – –
Nein, ich bedanke mich nur klein.
Und brauchst doch kein Geburtstag sein,
daß deiner ich gedenke.

Herzlichst
Joachim Ringelnatz.
Köln a/Rh. 11. Sept. 27

134 In einem Widmungsexemplar seiner »Reisebriefe eines Artisten«. 1926.
135 Joachim Ringelnatz (1883 – 1934), den Hesse in München besuchte und ihn als jüngeren Bruder des Knulp, als »Don Quichotte«, als »adligen Schwärmer mit einem Dichterherzen und einem kleinen Vogel im ritterlichen Kopf, mit seiner Freude am Spiel seiner Seifenblasen, ein Kind und ein Weiser inmitten einer zweckbesessenen Welt von Strebern und Verdienern« bezeichnet hat (links).
136 Klabund (1890 – 1928), seit 1920 mit Hesse befreundet.

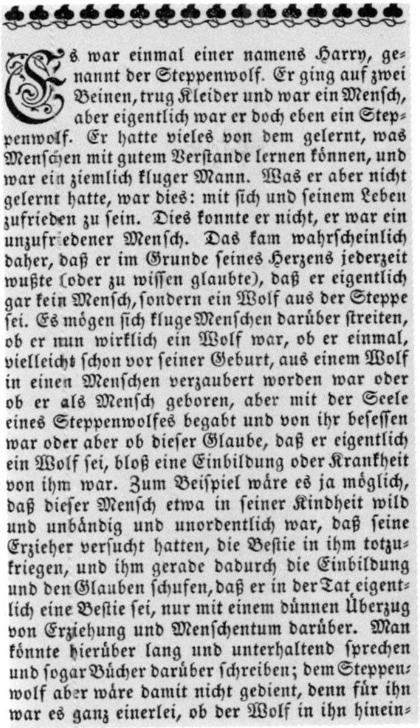

Es war einmal einer namens Harry, genannt der Steppenwolf. Er ging auf zwei Beinen, trug Kleider und war ein Mensch, aber eigentlich war er doch eben ein Steppenwolf. Er hatte vieles von dem gelernt, was Menschen mit gutem Verstande lernen können, und war ein ziemlich kluger Mann. Was er aber nicht gelernt hatte, war dies: mit sich und seinem Leben zufrieden zu sein. Dies konnte er nicht, er war ein unzufriedener Mensch. Das kam wahrscheinlich daher, daß er im Grunde seines Herzens jederzeit wußte (oder zu wissen glaubte), daß er eigentlich gar kein Mensch, sondern ein Wolf aus der Steppe sei. Es mögen sich kluge Menschen darüber streiten, ob er nun wirklich ein Wolf war, ob er einmal, vielleicht schon vor seiner Geburt, aus einem Wolf in einen Menschen verzaubert worden war oder ob er als Mensch geboren, aber mit der Seele eines Steppenwolfes begabt und von ihr besessen war oder aber ob dieser Glaube, daß er eigentlich ein Wolf sei, bloß eine Einbildung oder Krankheit von ihm war. Zum Beispiel wäre es ja möglich, daß dieser Mensch etwa in seiner Kindheit wild und unbändig und unordentlich war, daß seine Erzieher versucht hatten, die Bestie in ihm totzukriegen, und ihm gerade dadurch die Einbildung und den Glauben schufen, daß er in der Tat eigentlich eine Bestie sei, nur mit einem dünnen Überzug von Erziehung und Menschentum darüber. Man könnte hierüber lang und unterhaltend sprechen und sogar Bücher darüber schreiben; dem Steppenwolf aber wäre damit nicht gedient, denn für ihn war es ganz einerlei, ob der Wolf in ihn hinein-

137 Hesse zur Zeit der Niederschrift des »Steppenwolf«.
»Sollte ich das Buch, das ich noch im Kopf habe, trotzdem einmal schreiben, so wäre der Titel ›Nur für Verrückte‹ oder ›Anarchistische Abendunterhaltung‹.« (Brief, 1924)
»Der Steppenwolf«, von 1925 – 1927 in Basel, Montagnola und Zürich geschrieben, erschien im Juni 1927 im S. Fischer Verlag.

138 Der Tractat vom Steppenwolf, »Nur für Verrückte«, in seiner ersten Gestalt aus der Erstausgabe.
»Der grelle gelbe Tractat-Umschlag ist mein Einfall, und e's war mein spezieller Wunsch, den sonderbaren, jahrmarkthaften Charakter, den der Tractat in der Geschichte hat, recht kräftig sichtbar zu machen, und der Verleger war aus Geschmacksgründen sehr dagegen; ich mußte mich ernstlich stemmen, um es durchzusetzen.« (Brief, 1927).

Baur au Lac
B
Kunsthaus
1926 Maskenfest

139 Umschlag der Menükarte des Hotel Baur au Lac zum Kunsthaus-Maskenfest am 6. 2. 1926, das im »Steppenwolf« geschildert ist.
140 »Maskenball«, Aquarell von Hermann Hesse, 1926. »Während ich lebte wie ein junger Lebemann, häufig tanzte, mich überall an der Vergnügungsoberfläche der modernen Welt herumtrieb, die ich vorher zum Teil gar nicht gekannt hatte und in ihrer naiven Lustigkeit oft hübsch fand – währenddem war ich beständig mit dem schwersten Problem beschäftigt, das mir mein Leben bisher brachte, und war mitten im Lärm überwach und auf der Lauer wie noch nie.« (Brief, 1926)

141 Hermann Hesse 1927.
142 Hugo Ball (1866 – 1927), Dramaturg, Dadaist, Schriftsteller, seit 1919 mit Hesse befreundet, schrieb 1927 zu seinem 50. Geburtstag die bis heute gültige Hesse-Biographie. »Er hat mit der schonungslosen Verhöhnung der bürgerlichen, moralischen, ästhetischen Konventionen sowohl wie mit seinen phantastisch-magischen Versuchen zu einer neuen Poetisierung der Bühne und des Künstlertums nie gespielt, er gab sich ganz daran hin. Aber als die Sache im Gange war und der Dadaismus eine internationale Modemarke wurde, war der bedeutendste seiner Begründer längst schon nicht mehr dabei ... Wir haben in allen den Jahren im Grunde über nichts anderes gesprochen, diskutiert und gestritten als über die eine Frage: wo ist der Punkt, von welchem aus diese ganze Hölle von Krieg, Korruption, Entseelung zu überblicken und zu überwinden ist?« (Hesse über Hugo Ball, 1930)

143 Lithographie von Alfred Zwinger zum »Steppenwolf«, 1929.

144 »MOZART Das bedeutet: die Welt hat einen Sinn und er ist uns erspürbar im Gleichnis der Musik.« (Tagebuch, 1920/21)
»Die Mehrzahl der Leser, namentlich der nicht mehr jungen Leser, findet [den Steppenwolf] trostlos und verzweifelt und glaubt, es handle von nichts als vom Untergang unsrer Kultur; es handelt aber für den, der lesen kann, gerade vom Gegenteil, vom Ewigen: von Mozart und von den Unsterblichen.« (Brief, 1930)

145 Kurt Pinthus (1886–1975), erster Lektor des Rowohlt Verlags, Herausgeber der Expressionismus-Anthologie »Menschheitsdämmerung«, schrieb am 2. 7. 1927 im 8-Uhr-Abendblatt, Berlin: »Ich lese den ›Steppenwolf‹, dies unbarmherzigste und seelenzerwühlendste aller Bekenntnisbücher, düsterer und wilder als Rousseaus ›Confessions‹, die grausamste Geburtstagsfeier, die je ein Dichter sich selbst zelebrierte ... Ein echt deutsches Buch, großartig und tiefsinnig, seelenkundig und aufrichtig; analytischer Entwicklungsroman mit romantischer Technik, romantischen Wirrnissen wie die meisten großen deutschen Romane und wie die meisten Bücher Hermann Hesses.«
146 Hermann Hesse um 1927.

Zu Johannes dem Täufer
sprach Hermann der Säufer:

Alles ist mir ganz willkommen,
Lass uns weiter schlendern!
So hat's seinen Lauf genommen,
Nichts ist mehr zu ändern.
Schau ich bin ein leeres Haus,
Tür und Fenster offen,
Geister taumeln ein und aus,
Alle sind besoffen.
Du ~~z~~ hingegen hast noch Geld,
Zahl mir was zu trinken,
Voller Freuden ist die Welt,
Schade dass sie stinken!

Wer des Lebens Wonnen kennt,
Mag das Maul sich lecken,
Ausserdem ist uns vergönnt
Morgen zu verrecken.

ooooo

147 Manuskript des Gedichts »Zu Johannes dem Täufer sprach Hermann der Säufer«, das erstmals 1928 in »Krisis«, Ein Stück Tagebuch, erschienen ist, welches in einer einmaligen Auflage von 1000 numerierten Exemplaren gedruckt wurde. »Es in großer Auflage zu drucken, dafür wäre Fischer wohl zu haben gewesen, nicht aber ich, denn ich finde, dies Buch ist eine private Angelegenheit. Sie zu einer öffentlichen zu machen, dazu wird es erst dann Zeit sein, wenn ich etwa so lange tot sein werde wie etwa Nietzsche es heute ist. Denn das muß man den Deutschen lassen: wenn sie auch den Geist und die Dichter bitter hassen, so wissen sie doch nach 30 bis 50 Jahren stets genau zu erkennen, ob die Privatangelegenheiten eines Dichters oder Philosophen wirklich nur privat waren oder vielleicht doch alle angingen.« (Brief, 1928)

X ..Andere Dichter trinken auch
Dichten aber nüchtern;
Umgekehrt hab' ich's im Brauch,
Nüchtern bin ich schüchtern,
Aber so ~~[illegible]~~ beim zehnten Glas
Geht die Logik flöten,
~~[illegible]~~ Dann macht mir das Dichten Spaß.
Ohne zu erröten
Preise ich das teuflische ~~Getränk~~ Gift,
Leben und dem Wollen
Kein Beziehungsspezialist
Hat's die Bürger wollen

~~[illegible]~~
~~[illegible] bin ich~~

~~[illegible]~~

Alles ist mir ganz willkommen
Laß uns weiter schlendern!
Es hat seinen Lauf genommen
Nichts ist mehr zu ändern.
Schon ich bin wie Hund grad,
Tür u. Fenster offen
~~[illegible]~~ Taumeln wir u. rund,
Alle sind besoffen.
Du Gegangener hast noch Geld,
~~Zahl mir einen Trunk~~
Zahl mir was zu trinken.
Welches Wunder ist die Welt
Ohne alles Stinken.

148 Zürich, Schanzengraben 31, wo ihm die befreundete Familie Leuthold eine kleine Wohnung zur Verfügung gestellt hatte, die in den Jahren 1925 – 1931 Hesses Winterquartier wurde.

»Mehr als die Hälfte von allem, was ich seit 1925 geschrieben habe, ist in den Zürcher Wintern entstanden.« (Brief, 1932)

»Seit 1923 habe ich, nachdem ich in Montagnola vier bittere Hungerwinter durchfroren hatte, alle Winter auswärts verbracht, die ersten in Basel, die späteren in Zürich, habe Freunde und Musik gehabt und in diesen zwei Stadtbuden vom Steppenwolf bis zum Goldmund viel gearbeitet.« (Brief, Febr. 1932)

149 Die Erstausgabe, 1930.
»Hans Meid hat diesen in der Tat mit märchenhafter Anmut erzählten Roman in eine hinreißend beschwingte Operndekoration eingekleidet – wohl der zugkräftigste Schutzumschlag des Verlags seit Jahr und Tag.« Peter de Mendelssohn in »S. Fischer und sein Verlag«.
»Diese Erzählung wetteifert nicht mit der Reportage, kümmert sich nicht um Aktualität, kitzelt nicht mit politischer Tendenz, verrücktem Getu oder Pikanterie, sondern ist – im besten Sinne des Wortes – Poesie, unzeitgemäße Poesie!« Max Herrmann-Neiße

Im November 1931 heiratete Hesse die Kunsthistorikerin Ninon Dolbin (1895 – 1966), Tochter des Advokaten Dr. Jakob Ausländer aus Czernowitz. Mit ihr stand H. H. seit 1909 im Briefwechsel.
151/152 Hermann Hesse und Ninon Dolbin z. Zt. ihrer ersten persönlichen Bekanntschaft.

150 Das 1931 von H. C. Bodmer für Hesse erbaute und ihm auf Lebenszeit zur Verfügung gestellte Haus in Montagnola, das er im August 1931 bezog.

Geschichten
aus dem
Mittelalter
Herausgegeben
von
Hermann Hesse
Erschienen im
Verlag Karl Hönn
Konstanz / Landschlacht (Schweiz)

Lieder
Deutscher
Dichter
Ausgewählt
von
Hermann Hesse
München
bei Albert Langen

153–160 Hermann Hesse als Herausgeber.
Eine Bibliographie der von Hesse herausgegebenen bzw. mit Vor- u. Nachworten versehenen Ausgaben verzeichnet 75 verschiedene Titel.
»Der Begriff der ›Weltliteratur‹, den Goethe stiftete, ist ihm der natürlichste, heimatlichste. Eine Schrift von ihm heißt geradezu so: ›Eine Bibliothek der Weltliteratur‹ und ist ein Beispiel immenser und hingebungsvoller Belesenheit ... Es ist ein Dienen, Huldigen, Auswählen, Revidieren, Wiedervorlegen und kundiges Bevorworten, – ausreichend, das Leben manches gelehrten literatus zu füllen. Hier ist es ein bloßer Überschuß an Liebe (und an Arbeitskraft!), eine tätige Liebhaberei neben einem persönlichen, außerordentlich persönlichen Werk, das an Vielschichtigkeit und Beladenheit mit den Problemen von Ich und Welt unter den zeitgenössischen seinesgleichen sucht.«
Thomas Mann
Kurt Tucholsky über »Eine Bibliothek der Weltliteratur« (1929):
»Wie diese kleine Anweisung, sich eine Bibliothek zusammenzustellen, gemacht ist, das ist nun zum Entzücken gar. Sie ist ganz subjektiv, und nur so ist auf diesem ungeheuren Gebiet so etwas wie Sachlichkeit zu erzielen. Wer sich nach diesem Bändchen richtet, der tut wohl daran. Es steht wolkenkratzerhoch über den gangbaren Literaturgeschichten.«

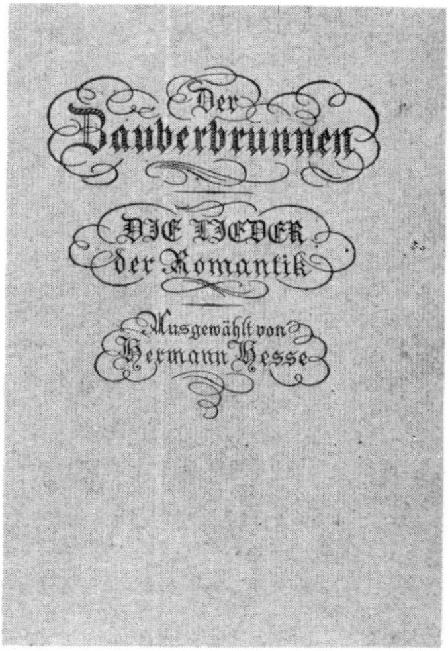

Der Zauberbrunnen

Die Lieder der Romantik

Ausgewählt von Hermann Hesse

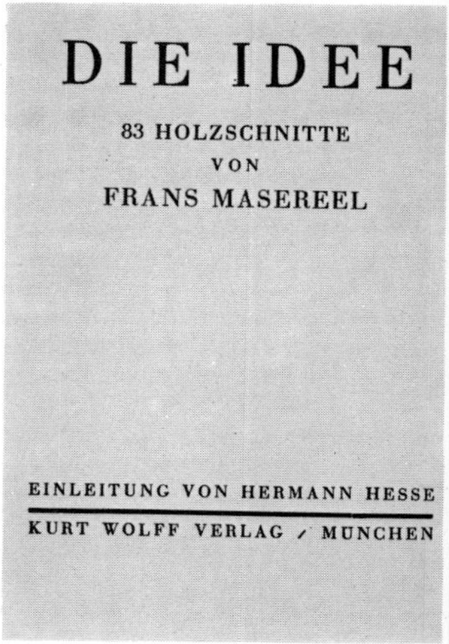

DIE IDEE

83 HOLZSCHNITTE

VON

FRANS MASEREEL

EINLEITUNG VON HERMANN HESSE

KURT WOLFF VERLAG / MÜNCHEN

Das
klassische Jahrhundert
deutschen Geistes
1750–1850
—
Herausgegeben
von
Hermann Hesse
—

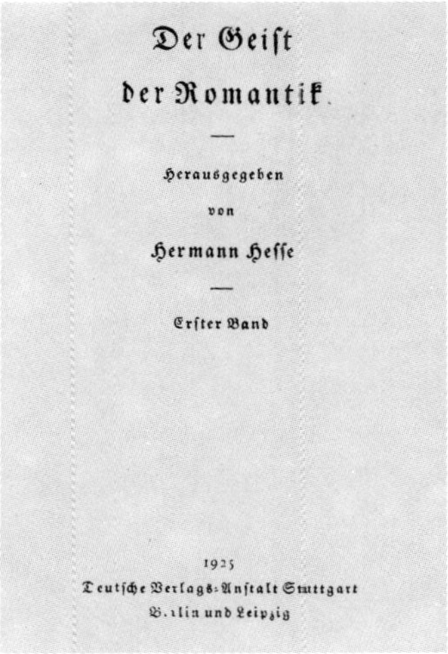

Der Geist
der Romantik
—
Herausgegeben
von
Hermann Hesse
—
Erster Band

1925
Deutsche Verlags-Anstalt Stuttgart
Berlin und Leipzig

Muster der Titelseiten einer auf zwölf Bände konzipierten Anthologie »Das klassische Jahrhundert deutschen Geistes« (Manuskripte mit Hesses Nachworten im Nachlaß), die durch Säumigkeit der Verleger nicht zustande gekommen ist.
Vgl. »Materialien zu Hermann Hesse, Der Steppenwolf«.
Außer in den von ihm herausgegebenen Büchern hat Hesse das literarische Leben seiner Zeit mit über 3000 Buchbesprechungen, welche seit 1900 in mehr als 60 verschiedenen Zeitungen und Zeitschriften publiziert wurden, begleitet, kommentiert und mitgeprägt.

161 Annette Kolb (1875 – 1967), mit Hesse befreundet, seit 1915 in lebhafter Korrespondenz mit ihm. Karikatur von Olaf Gulbransson.
162 Hermann Hesse, Porträt von Cuno Amiet (1868 – 1961). »Sein Blick schafft die Welt um, lockt Farbe aus dem Grau, ahnt Sonne auch in der Dämmerung ... er ist auf kein Soll, auf kein Programm verschworen, sondert tut, was seine Natur von ihm verlangt ... alle [seine Bilder] zeigen etwas, was mehr ist als Meisterschaft: eine ungebrochene Liebe, ein Ergriffensein vom Zauber der farbigen Welt«. (Hesse über Amiet, 1919)

163 Hesse in Montagnola.
164 Bertolt Brecht 1933 in Montagnola auf dem Weg zu Hermann Hesse (Kurt Kläber, B. v. Brentano, Brecht und ein Gast; v. l. n. r.)

»Er war einmal, zusammen mit mehreren andern aus Deutschland Geflohenen, einen Nachmittag bei uns, man sprach unter andrem von den Bücherverbrennungen … seine Gedichte und Erzählungen liebe und schätze ich von den Anfängen an bis heute, sein Tod ist auch mir ein Schmerz und Verlust. Er war der einzige wirkliche Dichter unter den deutschen Kommunisten, und der einzige, der noch auf der ganzen breiten Basis einer umfassenden literarischen Bildung stand.« (Brief, 1956)

Mit Hesse befreundete Maler (von links oben):
165 Alfred Kubin (1877 – 1959), seit 1930 in reger Korrespondenz mit H. H. »Inmitten unserer blöden Unterhaltungs- und Industriekunst ist er einer von den wenigen, die ich als Brüder und meinesgleichen irgendwo verborgen sitzen weiß, in ihre Spiele verloren, aber fruchtbar, niemals käuflich, außerhalb des Tages und des Schwindels.« (Hesse über Kubin, 1928)
166 Louis Moilliet (1880 – 1962), »Louis der Grausame in ›Klingsors letzter Sommer‹ u. in der ›Morgenlandfahrt‹, einer der mir liebsten Schweizer Maler.« (Brief, 1948)
167 Frans Masereel (1889 – 1972), zu dessen Bildzyklen »Die Idee« u. »Geschichte ohne Worte« H. H. Geleitworte schrieb.
»Kein anderer Künstler spricht das Lebensgefühl unserer Zeit so kräftig und so allgemeinverständlich aus.« (Rezension, 1927)
168 Carl Hofer (1878 – 1955), seit 1920 oft bei Hesse zu Besuch in Montagnola.
169 Max Purrmann (1880 – 1966) lebte seit 1943 gemeinsam mit dem Maler Gunter Böhmer in der Casa Camuzzi, Montagnola. Ihm widmete Hesse das späte Gedicht »Alter Maler in der Werkstatt«.

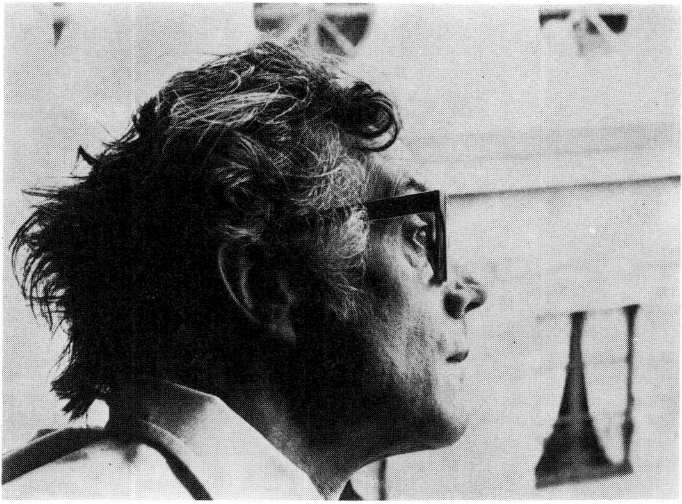

170 Gunter Böhmer (geb. 1911), Maler u. Graphiker, Prof. an der Akad. der Bildenden Künste in Stuttgart. Seit April 1933 in Montagnola, Casa Camuzzi. »Für alles Grafische hochbegabt, jede Technik leicht erobernd, dazu ein dichterischer, in sich versponnener, des Fabulierens kundiger Mensch ...«
(über G. Böhmer, 1938)

171 Gunter Böhmer, Bildnis Hermann Hesse, 1939. Besitz Prof. W. Jöhr, St. Gallen.

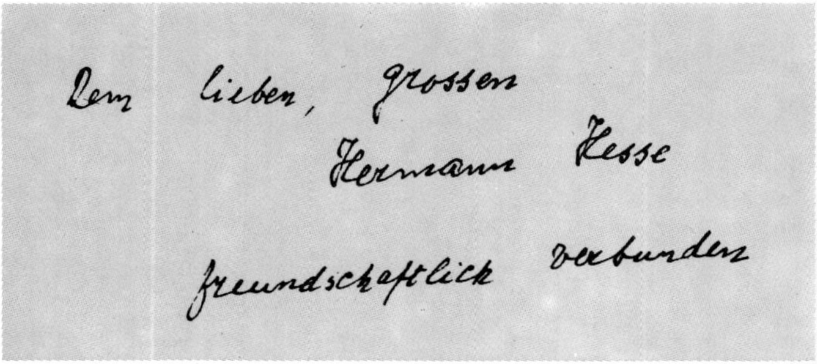
Dem lieben, grossen
Hermann Hesse
freundschaftlich verbunden

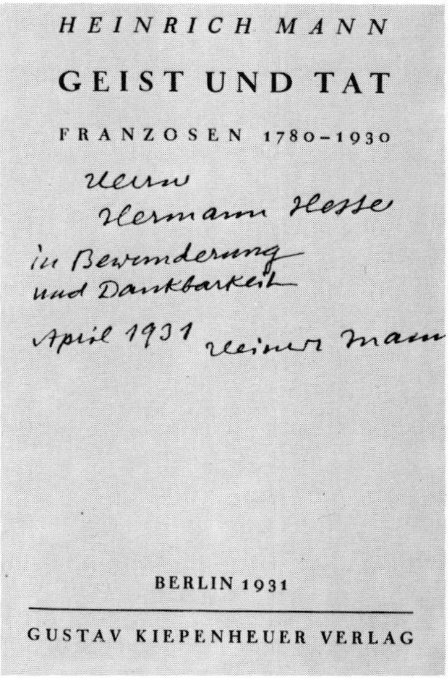
HEINRICH MANN

GEIST UND TAT

FRANZOSEN 1780–1930

Herrn
Hermann Hesse
in Bewunderung
und Dankbarkeit
April 1931 Heinrich Mann

BERLIN 1931

GUSTAV KIEPENHEUER VERLAG

172/73 Dedikationen von Thomas und Heinrich Mann.
174 Hesse mit Thomas Mann und Jakob Wassermann im Febr. 1932 in Chantarella bei St. Moritz.

Thomas Mann
1929
H. Hesse

175/76 Mit Thomas Mann in Chantarella, Febr. 1932. »Diesmal war mein Verleger Fischer hier und die Kollegen Thomas Mann und Jakob Wassermann mit Familie, und da waren wir auf einmal berühmte Leute und lernten jedermann kennen, und man kommt aus dem Grüßen nicht heraus, es ist eher blöd ... Aus den feierlichen literarischen Unterhaltungen habe ich mich abends manchmal ins Spielzimmer der Kinder [Thomas Manns] hinüber gedrückt.« (Brief, 1932)

177 André Gide (1869 – 1951), für dessen Werke sich Hesse seit 1905 in Rezensionen und Aufsätzen einsetzte, schrieb 1948 als Vorwort zur franz. Ausgabe der »Morgenlandfahrt« einen Essay über H. H., worin es heißt:
»Hesses gesamtes Werk ist ein dichterischer Befreiungsversuch, ein Streben, sich dem Willkürlichen, dem Erkünstelten und Erzwungenen zu entziehen ... Sie sind sehr selten, jene Deutschen, die sich nicht haben beugen lassen, die sich selbst treu zu bleiben gewußt haben. Das sind die Geister, mit denen wir uns verständigen könnten. Mit ihnen müssen wir ins Gespräch kommen.«
178 Die Erstausgabe, 1932, mit Umschlag, Einband und Titelvignette von Alfred Kubin.

»Dieses Unkrautjäten füllt meine Tage aus ... dabei ist es vollkommen rein von materiellen Antrieben und Spekulationen, denn die ganze Gartenarbeit bringt im ganzen kaum drei, vier Körbchen Gemüse. Dafür hat die Arbeit etwas Religiöses: man kniet am Boden und vollzieht das Rupfen wie man einen Kult zelebriert, nur des Kultes wegen, der sich ewig erneuert, denn wenn drei, vier Beete sauber sind, ist das erste schon wieder grün.« (Brief, Juli 1932)

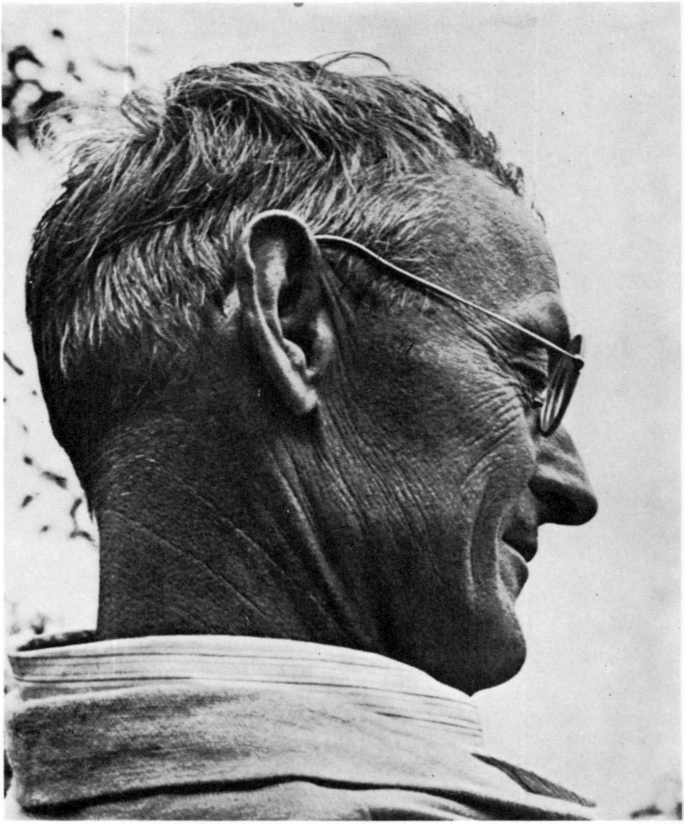

179 »Ich teile meinen Tag zwischen Studio und Gartenarbeit, letztere gilt der Meditation und geistigen Verdauung und wird darum meist einsam betrieben.« (Brief, 1934)

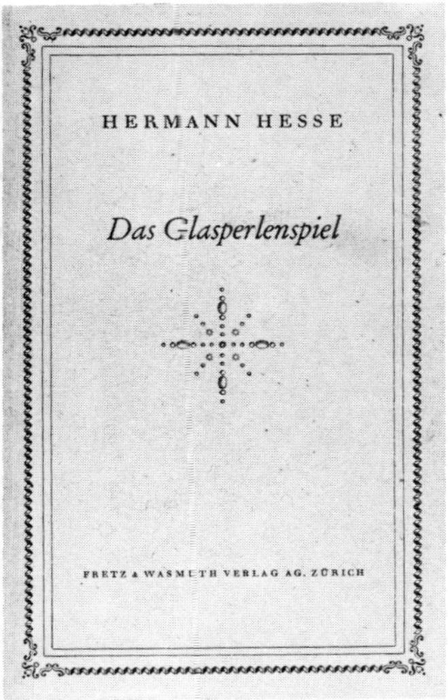

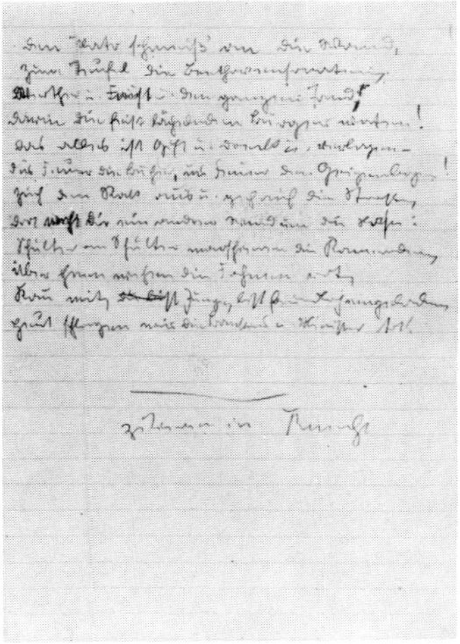

180 Hermann Hesse z. Zt. der Niederschrift des »Glasperlenspiels«.
181 Umschlag der 1943 in der Schweiz erschienenen Erstausgabe, da das Buch in Deutschland nicht gedruckt werden durfte.
182 Handschriftlicher Gedichtentwurf »Den Plato schmeiß an die Wand ...« aus den Vorstudien zum Glasperlenspiel.
»Der Geistige soll keineswegs an den Tischen der Reichen sitzen und am Luxus teilhaben, er soll mehr oder weniger Asket sein – aber er soll dafür nicht auch noch verlacht, sondern geachtet sein, und das Minimum an Materiellem soll ihm von selber zustehen, so etwa wie in den Zeiten klösterlicher Kultur der Ordensbruder, ohne persönliche Habe besitzen zu dürfen, doch leben konnte, und im Maß seiner Leistung Anteil hatte am Ruhm und der Autorität seines Ordens. Eine eigentliche Aristokratie darf nicht die Ordnung des Geistes im Leben sein; Aristokratie beruht auf Erblichkeit, und der Geist ist nicht physisch vererbbar. Statt dessen stellt jede gute Ordnung des geistigen Lebens eine Oligarchie der Geistigsten dar, mit Offenhaltung aller Bildungsmittel für jeden Begabten.«
(Brief zum »Glasperlenspiel«, 1935)

Der Glasperlenspielmeister

Versuch einer Lebensbeschreibung des Magister Ludi Josef Knecht.

Nebst Knechts hinterlassenen Schriften.

Herausgegeben

von

Hermann Hesse

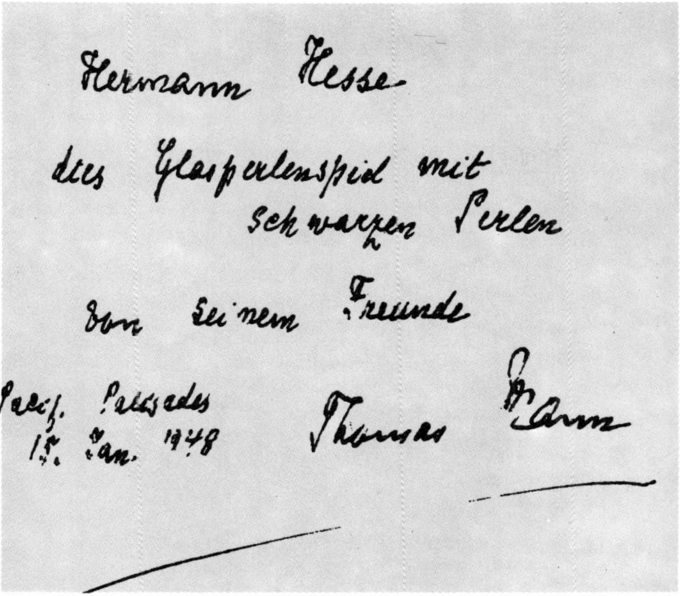

Hermann Hesse
dem Glasperlenspiel mit
schwarzen Perlen
von seinem Freunde
Pacif. Palisades
15. Jan. 1948
Thomas Mann

183 Erster handschriftlicher Entwurf des Titelblatts.
184 Die Widmung Thomas Manns in der Erstausgabe des »Doktor Faustus«, 1948.
»Ich empfinde, bei allen Unterschieden, den Faustus und das Glasperlenspiel durchaus als Bruderwerke. Viel gibt es heute nicht, außer ihnen, was, meinetwegen ohne endgültig groß zu sein, doch eine gewisse Affinität zur Größe hat ... Es gehört zu dem wenigen Wagemutigen und eigensinnig-groß Konzipierten, was unsere verprügelte, verhagelte Zeit zu bieten hat.« (Thomas Mann in Briefen 1947/1948)

185 Ca. 1943 in Baden.
186 Im Gespräch.
»Ich habe mich im Lauf meiner Entwicklung den Problemen der Zeit nicht entzogen und nie, wie meine politischen Kritiker meinen, im elfenbeinernen Turme gelebt – aber das erste und brennendste meiner Probleme war nie der Staat, die Gesellschaft oder die Kirche, sondern der einzelne Mensch, die Persönlichkeit, das einmalige, nicht normierte Individuum.« (Brief, 1951)

Von oben links:
187 Edwin Fischer (1886 – 1960) vertonte Hesses Elisabeth-Gedichte.
»Für mich war Edwin der Mann, der mir zwei von Beethovens Konzerten und sogar mehrere Stücke des einst von mir sehr genau gekannten Chopin näher gebracht hatte als jeder andere Virtuose ... und der mir seine Lieder vorgespielt hatte, in denen die Atmosphäre meiner an Elisabeth gerichteten Verse mit einer von Chopin her stammenden Chromatik und Filigrantechnik gut zusammen gestimmt hatte.«
188 Justus Hermann Wetzel (1879–1973), Komponist, der zahlreiche Hesse-Gedichte vertonte. (Radierung von Gunter Böhmer)
189 Richard Strauss (1864 – 1949), zu seinen letzten kompositorischen Arbeiten gehört die Vertonung von 3 Hesse-Gedichten (in »Vier letzte Lieder«).
190 Gottfried von Einem (geb. 1918), mit Hesse im Briefwechsel, komponierte 1973 einen Liederzyclus nach Gedichten von H. H.

191 1946 wurde Hermann Hesse der Nobelpreis für Literatur verliehen. In der Laudatio heißt es: »Die Ereignisse haben mit ihrer Entwicklung gezeigt, daß er hinfort neben Thomas Mann als der würdigste Verwalter des deutschen kulturellen Erbes innerhalb der zeitgenössischen Literatur gelten darf.« Thomas Mann 1933/34 an Fredrik Bööks: »Ich habe schon vor Jahr und Tag meine Stimme für Hermann Hesse, den Dichter des ›Steppenwolfes‹ abgegeben . . . indem Sie ihn wählten, würden Sie die Schweiz, zusammen mit dem älteren, wahren, reinen, geistigen, ewigen Deutschland ehren. Die Welt würde das wohl verstehen und auch das Deutschland, das heute schweigt und leidet, würde Ihnen von Herzen danken.«

192 Hesse in seiner Bibliothek.

193 Am Schreibtisch.
»Es finden sich überall auf Erden Menschen unsrer Art. Daß ich für einen kleinen Teil von ihnen ein Mittelpunkt, ein Knotenpunkt im Netz sein kann, ist die Last und das Glück meines Lebens.«
»Der Künstler bezahlt etwaige Mängel des sozialen Verhaltens durch sein Werk. Was er dem Werk zum Opfer bringt, und das ist meistens unendlich viel mehr, als was der brave Durchschnittsbürger zu opfern fähig wäre, das kommt allen zugut.« (Briefe, 1955 u. 1961)
194 Mit seiner Frau Ninon.

»Auch heute stellt jeder Tag an mich die Forderung, mich der Welt anzupassen und, wie die meisten es tun, mich all der aktuellen Aufgaben mit Hilfe von Routine und Mechanisierung zu entledigen, mit Hilfe eines Apparats, einer Sekretärin, einer Methode. Vielleicht sollte ich die Zähne zusammenbeißen und es noch auf meine alten Tage erlernen? Aber nein, es wäre mir nicht geheuer dabei, und alle jene vielen, deren Not ihre Wellen bis auf meinen überhäuften Schreibtisch spült, wenden sich ja an einen Menschen, nicht an einen Apparat. Bleibe jeder bei dem, was sich ihm bewährt hat!« (Brief, Sommer 1949)

195 Der Werktisch im Atelier, wo Hesse seine Post – die er bis zu seinem Tode ohne fremde Hilfe selbst besorgte – versandfertig machte.
196 Blick aus der Bibliothek ins Eßzimmer.

197 Mit seinem ältesten Sohn Bruno nach der Gartenarbeit.
198 Robert Neumann (1897–1975)
»Es ist an der Zeit, daß endlich jemand unseren Kritikern die Meinung sagt, unter denen es in den letzten Jahren Mode geworden ist, an Hesse kein gutes Haar zu lassen ... Auch in Heines Gesamtwerk gibt es neben dem seltenen Großen einen Wust leeren Geklingels. Sogar im Werk Goethes. Sechs Hesse-Gedichte für den bleibenden Bestand deutscher Lyrik – das ist eine ganze Menge für ein einziges Leben. Und daß diese sechs zu diesem Bestand gehören werden – zu einer Zeit, wenn man die Namen seiner Kritiker nur mehr im Kataster verstorbener deutscher Gymnasiallehrer finden kann – davon bin ich überzeugt.« (Robert Neumann, 1960)
199 Peter Weiss (geb. 1916)
»Vor 25 Jahren schrieb ich Ihnen zum erstenmal aus Warnsdorf. Damals stand ich am Anfang meiner Arbeit. Der Brief mit Ihrer Antwort war ein Wegzeichen für mich. Ihre Person und Ihr Werk waren für meine Entwicklung von großer Bedeutung. In allen Stadien der Emigration, der Umsiedlungen, der Kriegsjahre – bis zum heutigen Tag, habe ich Ihre Bücher bei mir getragen.« (Brief an H. H. vom Juli 1962)

200 Hesse-Büste von Hermann Hubacher (1885–1976), der mit Hesse nah befreundet war.
201 »Hesse als Gärtner«, Karikatur von H. U. Steger.
»Wir sind nicht Herr unsres Aussehens und der Wirkungen, die davon ausgehen, darum verhalte ich mich gegen solche Bilder ebenso neutral wie gegen Wirkungen und Nebenwirkungen, die von meinen Büchern ausgehen: Bücher und Aufsätze über mich, Illustrationen, Kompositionen meiner Gedichte – zu all dem verhalte ich mich gleich, ich lasse jeden tun und sagen, was er mag und habe kein Bedürfnis ihn zu korrigieren.«
(Brief, ca. 1950)

202 Ninon Hesse mit Theodor Heuss in der Frankfurter Paulskirche, 1955, während der Verleihung des Friedenspreises des Deutschen Buchhandels an H. H. Daneben Richard Benz.

203 Martin Buber (1878 – 1965), während seiner Rede zum 80. Geburtstag Hesses in Stuttgart.
»Hermann Hesse hat dem Geiste gedient, indem er als Erzähler, der er ist, vom Widerspruch zwischen Geist und Leben und vom Streit des Geistes gegen sich selber erzählt. Eben dadurch hat er den hindernisreichen Weg wahrnehmbar gemacht, der zu einer neuen Ganzheit und Einheit führen kann ... Überall, wo man dem Geiste dient, wirst du geliebt.« (Aus der Festrede.)

204 Hermann Hesse 1955.
205 1957 mit Theodor Heuss in Sils Maria.
»Durch sein Werk hat er in einer Zeit, in der wie nie zuvor die einzelnen Lebensbereiche in ungehemmter Eigengesetzlichkeit auseinanderbrachen, die Möglichkeiten des Einklangs von Mensch, Welt und Natur sichtbar und glaubwürdig gemacht. Abendländischer Geist und östliche Meditation berühren sich in einer höheren Einheit, einer Verkündigung, die zu den großen Hoffnungen unserer Tage gehört.« (Theodor Heuss über H. H., 1962)

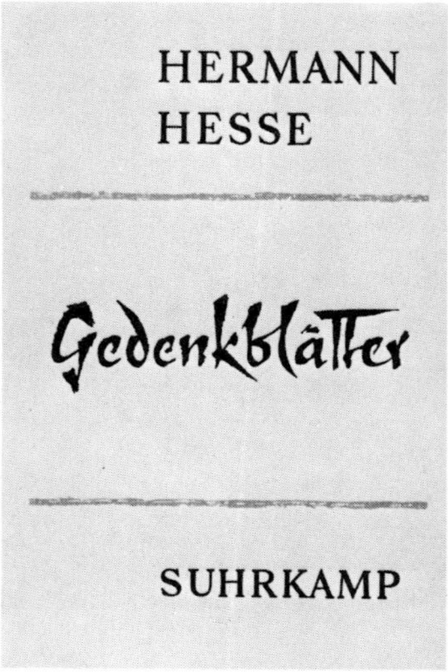

206 – 207 Zwei der letzten, noch zu Lebzeiten (1950, 1956) erschienenen Prosabücher Hermann Hesses. »Es ging mir ja wie bei allen meinen Gedenkblättern nicht nur um die Wahrheit, viel mehr um das möglichst getreue Festhalten des Vergänglichen und Vergehenden im Wort. Das ist ein an sich etwas Don Quichottehafter Kampf gegen den Tod, gegen das Versinken und Vergessen.« (Brief, 1953)
208 Hesse während eines Spazierganges im Tessin.

209 Hesse 1957 mit seinem jüngsten Enkel David.
210 Auf einem Spaziergang bei Carona, ausruhend.
»Ich habe oft und oft das Lied dieser Berge, Wälder, Rebenhänge und Seetäler gesungen, auch jenes Balkönchen in Klingsors Wohnung und jener hohe Judasbaum ... sind beschrieben und gepriesen worden. Ich habe hunderte von Bogen Malpapiers und viele Farbtuben verbraucht, um mit Aquarellfarben oder Zeichenfeder den alten Häusern und Hohlziegeldächern, den Gartenmauern, dem Kastanienwald, den nahen und fernen Bergen meine Reverenz zu erweisen.«

211 Hermann Hesse, 1958
212 Theodor Heuss mit Peter Suhrkamp, dem Verleger Hermann Hesses, und dessen Nachfolger Siegfried Unseld, auf der Buchmesse 1957 in Frankfurt am Main.
»Der Verleger muß ›mit der Zeit gehen‹, wie man sagt. Er muß aber nicht einfach die Moden der Zeit übernehmen, sondern auch, wo sie unwürdig sind, ihnen Widerstand leisten können. Im Anpassen und im kritischen Widerstehen vollzieht sich die Funktion, das Ein- und Ausatmen des guten Verlegers.
So einer sollen Sie sein.«
(Aus einem Brief an Siegfried Unseld nach dem Tode Suhrkamps, 1959)

Kleiner Knabe

Hat man mich gestraft,
Halt ich meinen Mund,
Weine mich in Schlaf,
Wache auf gesund.

Hat man mich gestraft,
Heisst man mich den Kleinen,
Will ich nicht mehr weinen,
Lache mich in Schlaf.

Grosse Leute sterben,
Onkel, Grosspapa,
Aber ich, ich bleibe
Immer, immer da.

H.H. IV. 60

213 Ein spätes Gedicht Hermann Hesses.
»Was die Kunst betrifft, so weiß ich, daß jedes echte Gedicht oder Bild, jeder Takt echter Musik ganz genau gleich aus Leben und Leiden geboren und mit Blut bezahlt wird, wie zu irgend einer früheren Zeit. Es hat sich nichts auf der Welt geändert außer dem, was eben stets obenauf und leicht veränderlich war: die öffentliche Meinung und Moral. Und dagegen kann sich der ernstlich Arbeitende zum Glück vollkommen schützen: es kostet ein wenig Verzicht und Askese, lohnt sich aber sehr.« (Brief, 1932)
214 Aquarellierte Federzeichnung Hesses zum letzten, am Abend vor seinem Tod beendeten Gedicht.

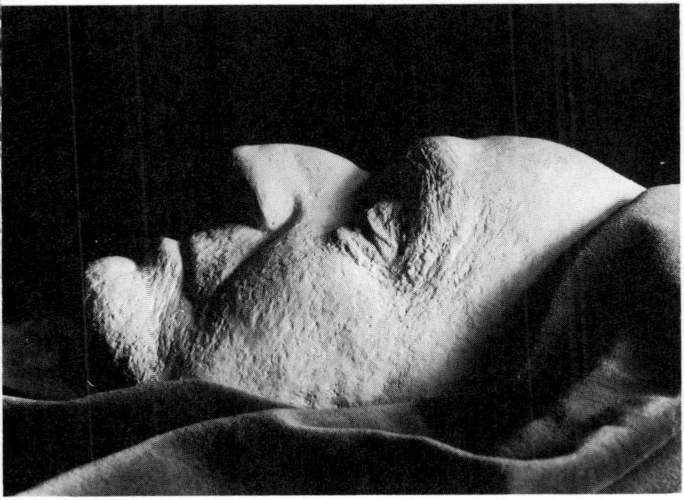

215 Eine späte Aufnahme Hermann Hesses.
»Es gibt eigentlich jung und alt nur unter Dutzendmenschen; alle begabteren und differenzierteren Menschen sind bald alt, bald jung, so wie sie bald froh, bald traurig sind.« (Brief, 1951)
»Das Ziel aller dichterischen Bemühungen ist am Abend des Lebens so auszusehen wie Hermann Hesse heute aussieht ... In meiner Zunft verehre ich Hermann Hesse am meisten.« Ernst Penzoldt
216 Die Totenmaske.
»Todesruf ist auch Liebesruf. Der Tod wird süß, wenn wir ihn bejahen, wenn wir ihn als eine der großen, ewigen Formen des Lebens und der Verwandlung annehmen.« (Brief, 1950)

217 Das Grab von Hermann Hesse und Ninon Hesse.
»Schmerz und Klage sind unsre erste, natürliche Antwort auf den Verlust eines geliebten Menschen. Sie helfen uns durch die erste Trauer und Not, sie genügen aber nicht, um uns mit dem Toten zu verbinden.
Das tut auf primitiver Stufe der Totenkult: Opfer, Grabschmuck, Denkmäler, Blumen. Auf unserer Stufe aber muß das Totenopfer in unsrer eigenen Seele vollzogen werden, durch Gedenken, durch genaueste Erinnerung, durch Wiederaufbau des geliebten Wesens in unserm Innern. Vermögen wir dies, dann geht der Tote neben uns, sein Bild ist gerettet und hilft uns, den Schmerz fruchtbar zu machen.«

(Hermann Hesse in einem Brief)

218 Auf dem Friedhof von San Abbondio.

Volker Michels

Hermann Hesse, immer wieder Autor der jungen Generation. Die »Renaissance« dieses Schriftstellers und einige ihrer Gründe

Als Hermann Hesse 1962 im Alter von 85 Jahren starb, hinterließ er ein Werk von nahezu vierzig Büchern: Romane, Erzählungen, Gedichtsammlungen und Betrachtungen, die heute mit einer Gesamtauflage von mehr als 30 Millionen Exemplaren in aller Welt verbreitet sind. Nur etwa der fünfte Teil dieser Gesamtauflage entfällt auf die deutschen Ausgaben. Neben den eigenen Werken hat Hesse fast ebenso viele Bücher anderer, zu Unrecht vergessener und unbeachteter Autoren der Vergangenheit und Gegenwart herausgegeben, außerdem Monographien, Anthologien und mehrere Zeitschriften. Dieses Engagement, nicht zuletzt auch für die zeitgenössische Literatur, Philosophie und Wissenschaft zeigt sich darüber hinaus in nahezu dreitausend (bis heute erst auszugsweise) veröffentlichten Buchbesprechungen, mit welchen Hesse das kulturelle Leben seiner Zeit seit der Jahrhundertwende begleitet und mitgeprägt hat. Zählt man seine Korrespondenz hinzu – mindestens 35 Tausend Antworten auf Leserbriefe – und seine Malerei (viele hundert expressionistisch-farbintensive Aquarelle), so ergibt sich ein Lebenswerk, das in der Kulturgeschichte des 20. Jahrhunderts seinesgleichen sucht an Produktivität, Eigenständigkeit und Breitenwirkung. Seit der Jahrhundertwende wurden allein 50 Bücher, mehr als 200 Dissertationen und in Zeitungen und Zeitschriften etwa 5000 Beiträge über Hesse veröffentlicht.

Wenn sich am 2. Juli 1977 sein Geburtstag zum hundertsten Mal jährt, wird man versuchen, einem Schriftsteller gerecht zu werden, dessen Eigenart und Wirkungsgeschichte die herkömmlichen Muster literarischer Werturteile gesprengt oder zumindest in Bewegung gebracht hat. Was kein Wissenschaftler vom Fach, geschweige denn unser sonst so wetterfühliger Kulturbetrieb vorausgesehen oder auch nur entfernt für wahrscheinlich gehalten hätte, ist eingetreten: Die »Renaissance« eines Dichters, den man wie wenige andere bereits zu kennen und in den Literaturgeschichten endgültig einbalsamiert glaubte mit Begriffen, deren Skala von der »schwerblütigen Weltinnigkeit« über das zweifelhafte Prädikat eines naturseligen »letzten Ritters der Romantik« bis hin zur Charakterisierung eines »Autors des individuellen Katzenjammers« (Curt Hohoff) reicht.

Die Situation dieses Schriftstellers in Deutschland war nicht immer so. In Zeiten der Depression, der Bilanz und Neuorientierung waren seine Bücher auch bei uns außerordentlich gefragt. Wenn man nachprüft, wann dieser Autor in der Vergangenheit das stärkste Echo gefunden hat, dann stößt man auf drei charakteristische Höhepunkte: im Nachkriegsdeutschland des Ersten und des Zweiten Weltkriegs und in den USA im Verlauf des Vietnamkriegs. Noch 1950, anläßlich einer von der Frankfurter »Neuen Zeitung« veranstalteten Hochschulumfrage nach den 20 bedeutendsten zeitgenössischen Schriftstellern Deutschlands entfielen 60% aller Stimmen auf Hermann Hesse. Diese Popularität hielt vor bis etwa zur Mitte der fünfziger Jahre. Doch wenig später, als es dank des vielzitierten Wirtschaftswunders vollends gelungen war, Erinnerung und Verantwortlichkeit für eine Vergangenheit, die man als »unbewältigt« auf sich beruhen ließ, erfolgreich nach außen, in

wirtschaftliche Superlative umzupolen, war auch die letzte, die materiell bedingte Veranlassung zur Selbstkritik entfallen. Pensionsanspruch und Feierabend waren wieder gesichert. »Keine Experimente!« lautete die Devise dieser Ära. Experimente aber waren merkwürdigerweise solche Autoren, die gewissenhafter, die nicht so sehr bei den andern als bei uns selbst nach den Gründen für das Vergangene suchten und vor der Wiederholung der Fehler in der Gegenwart warnten.
Was hatte denn Literatur mit derlei verbindlichen, ethischen und somit zwangsläufig politischen Fragestellungen zu schaffen? Hatte das vielleicht Esprit, war das originell, amüsant oder doch wenigstens verschlüsselt und elastisch genug interpretierbar? Nein, derlei durfte nichts mit »Bildung«, sondern allenfalls mit »Herzensbildung«, mit »Innerlichkeit« zu tun haben. Und da Autoren wie Hesse leider auch unter keiner der gängigen parteipolitischen und ideologischen Tendenzen rubrizierbar waren, scheute man sich nicht, seine unpraktikabel differenzierte Haltung mit begrifflichen Fertigteilen wie »Eskapismus« oder »Idealismus« zu bagatellisieren.
Ähnlich wie Rilke, Hofmannsthal, Stefan Zweig, Robert Walser, ja sogar Thomas Mann wurde auch Hesse von unseren wetterfühligen Poesiefunktionären nach und nach immer mehr in die Fossilienabteilung der sogenannten »Dichter« abgeschoben, als »Idylliker«, als Virtuose der Nabelschau, als Profi im Daumenlutschen, diesem Synonym für die sogenannte Innerlichkeit, dem Feindbild Nr. 1 all derer, »die nicht interessiert sind, daß der Einzelne Ich-Stärke hat und nicht der Spielball irgendeiner Bewegung oder Institution ist«. (Karin Struck)
Noch vor 15 Jahren war Hesse für die Öffentlichkeit das, was der einheimische Kulturbetrieb der 50er Jahre aus ihm gemacht hatte: der Gartenzwerg unter den Nobelpreisträgern. Solchermaßen tabuiert, konnte man sich die Lektüre seiner Schriften ersparen, und folgerichtig war anläßlich seines Todes in der renommiertesten deutschen Wochenzeitung zu lesen: »Mit Hermann Hesse, sagen wir's deutlich, ist kein Blumentopf mehr zu gewinnen.« Prognosen wie diese erwiesen sich als das, was in keinem wissenschaftlichen Bereich so gleichmütig hingenommen wird wie bei der Deutung kultureller Phänomene: als Spekulation, wenn nicht gar als Wunschdenken. Inzwischen ist Hesse der meistgelesene europäische Autor in den USA und in Japan, seine Bücher sind übersetzt in mehr als 40 verschiedene Sprachen. Damit hat sich das denkwürdige und neben der Wiederentdeckung Franz Kafkas in den frühen 50er Jahren einmalige Phänomen wiederholt, daß ein Autor, von dem Thomas Mann sagte, Deutscheres gäbe es nicht als diesen Dichter, den Deutschen über das unvoreingenommene Ausland ins Bewußtsein gerückt werden mußte. Die junge Generation der am stärksten industrialisierten Länder der Erde, aber auch Lateinamerikas, Skandinaviens, Australiens und inzwischen sogar der UdSSR, entdeckte Hesse für sich und setzte sich »an der Basis« nicht weniger als an den Hochschulen in einer Gründlichkeit mit seinem Werk auseinander, wie sie bei uns bisher noch nie dagewesen ist, und exportierte Hesse schließlich in seinen eigenen Sprachraum zurück.
Als kurz nach seinem Tod – vorerst nur im Ausland – seine Bücher in Ausgaben zugänglich wurden, die auch jungen Lesern erschwinglich waren, erlangten sie fast über Nacht eine weltweite Verbreitung und eine Resonanz,

die ganz spontan aus dem Leserpublikum kam, nicht selten sogar gegen den Widerstand der Medien und der darauf unvorbereiteten Lehrkörper. Das begann Mitte der 60er Jahre und hält bis heute unvermindert an. Somit gilt auch für das Werk Hermann Hesses, was Richard Friedenthal kürzlich über die Wirkung der Bücher Stefan Zweigs gesagt hat: »Sie sind in der wichtigsten und entscheidenden Weise lebendig geblieben, nämlich als gelesene, nicht als kommentierte Literatur.«

Zwar waren Hesses Bücher schon zu Lebzeiten ihres Autors in mehr als 35 Sprachen übersetzt, nicht mitgerechnet die zahlreichen indischen Dialekte, aber jene in der Literaturgeschichte unseres Jahrhunderts einmalige quantitative Rezeption hat erst nach seinem Tod eingesetzt. Es wäre falsch, hierfür einzig nach zeitgeschichtlichen Gründen zu suchen, denn zu Recht darf man bezweifeln, ob die Verbreitung dieses Werkes vergleichbare Ausmaße angenommen hätte, wenn sein Autor heute noch lebte. Mit Sicherheit hätte Hermann Hesse, dem zeitlebens am Quantitativen und an der Breite seiner Wirkung reizbar wenig gelegen war und der auch die verlockendsten Angebote, sei es zu Verfilmungen, sei es zu Massenauflagen seiner Bücher, ausgeschlagen hat, die millionenfache Verbreitung seiner Schriften möglichst zu verhindern versucht. Schon 1921, als ihm erstmals nahegelegt wurde, ein Reclam-Bändchen mit seinen Erzählungen zusammenzustellen, gab er zur Antwort: »Für mich als Autor hätte eine solche Publikation nur den einen Vorteil, mich als Dichter ›populär‹ zu machen«; da ihm aber an der Breite seiner Wirkung nicht das mindeste läge und er nicht den Wunsch habe, »die Welt mit möglichst viel Papier zu überschwemmen«, könne er auf diesen Vorschlag nicht eingehen. Weitere Gründe kommen in einem späteren Brief zu Wort, worin er erklärt: »Das Anwachsen der Verantwortung ist bei einem ohnehin heiklen Gewissen eine große Last, und die Belästigung, die sich Tag um Tag erneuernde Plage mit den Neugierigen, mit den Bettelnden, mit den jungen Kollegen und ihren Manuskripten, das Überlaufenwerden mit Besuchen, das ewige Angezapftwerden durch die Öffentlichkeit, die Presse, die nationalen und internationalen Gesellschaften mit weltanschaulichen, humanitären, politischen Programmen, das ist für einen, der immer Rumpelstilz war und dem sein Leben nie privat genug sein konnte, einfach ein Unglück. Gewiß, man könnte das irgendwie bewältigen. Viele werden ja damit fertig: man nähme Sekretärinnen, baute einen Kanzleiapparat gegen den täglichen Ansturm auf – aber das hieße für einen Menschen, der zeitlebens die Routine gehaßt und ihr in seinem Leben keinen Raum gegönnt hat, geradezu Kapitulation und Verrat.«
Solche Motive der Zurückhaltung wurden 1962, mit Hesses Tod, weitgehend hinfällig. Nun bestand keine direkte Veranlassung mehr, Lizenzausgaben und preiswerte Taschenbucheditionen seiner Schriften einzuschränken. Der chancengleichen Verbreitung seiner Bücher mit denen anderer Autoren, deren Werke längst schon in preiswerten Taschenbuchausgaben vorlagen, stand nun nichts mehr im Weg.
Doch hatte ironischerweise gerade zu diesem Zeitpunkt in der Bundesrepublik Deutschland das Interesse an Hesse seinen absoluten Tiefstand erreicht. Erst die Induktion durch das Ausland, die explosive Wirkung der ersten amerikanischen Hesse-paperbacks und pocketbooks hat die »spa-

nischen Wände inländischer Vorbehalte« ins Wanken gebracht. Bedenkt man außerdem, daß mehr als die Hälfte seiner Leser der Altersgruppe zwischen 14 und 30 Jahren angehört, gefolgt von Lesern im Rentenalter, während die Generation des Establishments, die 36–60jährigen, statistisch nicht annähernd so sehr ins Gewicht fällt, so läßt sich ermessen, welche Bedeutung dem Taschenbuch für die Renaissance dieses Schriftstellers zukommt. »Der Steppenwolf« beispielsweise (und ähnliches ließe sich auch bei den meisten seiner anderen Bücher nachweisen) erreichte in Deutschland von 1927 bis 1969, also in den 42 Jahren seit Erscheinen der Erstausgabe, nur den sechsten Teil der Verbreitung, welche die Taschenbuchausgaben seit 1969 verzeichnen können; etwa eine halbe Million Exemplare.

Doch sind sowohl die freizügigeren Publikationsmöglichkeiten nach Hesses Tod als auch neue, bessere Übersetzungen in den USA und preiswerte Taschenbuchausgaben nur ein sekundärer, wenn auch wichtiger Aspekt, wenn man den Gründen für die beispiellose Resonanz dieses Autors auf die Spur kommen will. Demokratische Buchpreise sind hilfreich, aber durchaus keine Garantie für solche Auflagen. Und so stellt sich unausweichbar die Frage: Worin besteht eigentlich die Faszination durch diesen Autor? Was erklärt seinen Erfolg vor allem bei den jungen Lesern und die regelmäßigen »Renaissancen«, die sich seit drei Generationen, merkwürdigerweise immer in politischen und gesellschaftlichen Krisensituationen wiederholt haben? Welche Gemeinsamkeiten sind es, die wir heute bei Hermann Hesse finden? (Denn ein Schriftsteller ist ja immer in dem Maße aktuell, wie sein Werk Gemeinsamkeiten oder Alternativen zu den Problemen der Gegenwart aufweist.) Welche zeitgeschichtlichen Strömungen hat er vorweggenommen?

Deutlicher und bezeichnender noch als die vorwiegend auf Deutschland beschränkte Hesse-Renaissance nach den beiden Weltkriegen, war es vor allem der Vietnamkonflikt in Amerika, der ihm ein unaufhaltsam wachsendes Leserpublikum zugeführt hat. Denn Extremsituationen, etwa manipulierte Lähmungen der menschlichen Großhirnrinde, wie es z.B. Kriege sind, fordern eine totale Revision der überlebten Wertbegriffe.

Wie bei fast allen Künstlern, deren Werke über die eigenen Landesgrenzen hinaus und auch in den nachfolgenden Generationen aktuell bleiben, sprengt auch Hesses Begriff von Humanität bei weitem den Spielraum, den Ideologien, Staat und Gesellschaft in der Praxis dem Menschen einzuräumen bereit sind. So überrascht es nicht, daß dieser Autor in allen seinen Schriften Partei nimmt für den Einzelnen. Denn der individuelle, »einmalige Mensch mit seinen Erbschaften und Möglichkeiten«, schreibt Hesse, »kann wohl einen Anwalt gebrauchen. Und wie er alle großen und starken Mächte gegen sich hat: den Staat, die Kirchen, die Kollektive jeder Art, die Patrioten, die Orthodoxen und Katholiken aller Lager, die Kommunisten und Faschisten nicht minder«, so hatte auch er selber nicht nur zu seinen Lebzeiten »immer alle diese Mächte gegen sich gehabt und bekam ihre Kampfmittel zu spüren«. Und in allen Bereichen fand er »bestätigt, wie gefährdet, schutzlos und angefeindet der Einzelne, der nicht Gleichgeschaltete in der Welt steht, wie sehr er des Schutzes, der Ermutigung und der Liebe bedarf.«

Allen seinen Büchern gemeinsam ist der Ansporn des Lesers, entgegen den Verführungen zur Anpassung an die Verhaltensnormen der Majoritäten, in Einklang zu bleiben mit sich selbst; die individuelle Anlage so rein und umfassend wie möglich im Leben und Beruf zur Darstellung zu bringen. »Ich glaube«, schreibt er 1932 in einem Brief, »man wird später, wenn von unserer Zeit die Rede ist, bei ihr eine Neigung zur religiösen Überschätzung der Gemeinschaft und eine richtige Flucht aus den persönlichen Aufgaben in die sozialen feststellen. Die Anlage und Pflicht zur Sozialität ist eine von unseren Anlagen und Pflichten, eine wichtige, aber nicht die einzige und nicht die höchste, denn 'höchste' Pflichten gibt es überhaupt nicht . . . Der wertvolle, wünschenswerte, zur Vollkommenheit geeignete Mensch war immer der, der an seinem Ort das tut, wozu der Mensch da ist: sich selber zu dem höchstmöglichen Grad von Wert reifen, dann war er ganz von selber auch im Wirken auf andere, auf Gemeinschaft und Staat wertvoll und wichtig.«

Gerade auf Hesse trifft die Feststellung Martin Walsers zu: »Der Schreiber kümmert sich ganz um sich selbst, und wenn er sich selbst aus dem Sattel gehoben hat, stellt sich heraus, daß er alle mitriß, die im Sattel saßen.«

Daß konzessionslose Analyse des privaten und individuellen Mikrokosmos nicht ganz so unbeträchtliche Rückschlüsse auf den Makrokosmos des Gesellschaftlichen und Politischen erlaubt, daß sie hellhörig und immun macht gegen die Gefahren und Einschüchterungen des Quantitativen, auch das zeigen seine Bücher. Die hieraus resultierende Veränderung ist radikaler und nachhaltiger als alle Ideologien, denn sie vertraut der Qualität, wissend, daß die Quantität ihr über kurz oder lang nachfolgen muß.

Welche Rolle das Problem der Ent-Individualisierung und Entfremdung mittlerweile einnimmt, hat heute – und aus naturwissenschaftlicher Perspektive – niemand schärfer ins Blickfeld gerückt als der Verhaltensforscher Konrad Lorenz, der in seiner Schrift »Die acht Todsünden der Menschheit« zu bedenken gibt: »Fluch der Individualität! ist die Parole. Dem kapitalistischen Großproduzenten wie dem sowjetischen Funktionär muß gleichermaßen daran gelegen sein, die Menschen zu möglichst uniformen, ideal widerstandslosen Untertanen zu konditionieren ... Meinungsforschung, Werbetechnik und geschickt gesteuerte Moden helfen den Großproduzenten diesseits und den Funktionären jenseits des Eisernen Vorhangs zu gleichartiger Macht über die Massen.«

Bei Hesse ist diese Parteinahme für das Individuum nicht weniger energisch.

Die unbehinderte Verwirklichung der jedermann eigenen und doch in jedem Einzelfall anders gearteten Individualität ist das zentrale Thema fast aller seiner Schriften. Am augenfälligsten kommt es in seinen Briefen – hier unsublimierter und direkter als in seinen Dichtungen – zu Wort: »Es gibt keinen anderen Weg der Entfaltung und der Erfüllung als den der möglichst vollkommenen Darstellung des eigenen Wesens ... Daß dieser Weg durch viele moralische und andere Hindernisse erschwert wird, daß die Welt uns lieber angepaßt und schwach sieht als eigensinnig, daraus entsteht für jeden mehr als durchschnittlich individualisierten Menschen der Lebenskampf ... Wo er die Konvention, die Forderung von Familie, Staat, Gemeinschaft in den Wind schlägt, muß er es tun mit dem Wissen darum, daß es auf seine eigene Gefahr hin geschieht.«

Diese Gefahr, das Risiko nämlich, dabei »unters Rad« zu kommen, nimmt

er als Künstler auf sich. Gegen die Normen der abgerichteten, dafür aber auch pensionsberechtigten Majorität, läßt er sich von diesem Anspruch nicht abbringen. Denn Unterdrückung der eigenen Anlagen aus Furcht vor dem Risiko, Stagnation durch Vermeidung von Experimenten, Versicherungskontrakte zur Abwehr des Zufalls, sind nicht Sache des Künstlers. Als Künstler paßt er sich nicht der Umwelt an, sondern nötigt die Umwelt, ihn wahrzunehmen. Identität mit sich selbst ist für Hesse einziger Weg zur Identität mit dem Ganzen und auf die Dauer alles andere als unsoziales Verhalten: »Der Künstler bezahlt etwaige Mängel des sozialen Verhaltens durch sein Werk; was er dem Werk zum Opfer bringt, und das ist meistens unendlich viel mehr, als was der brave Durchschnittsbürger zu opfern fähig wäre, das kommt allen zugut . . . « »Ich habe . . . gefunden, daß in der Welt die allermeisten Menschen nicht das tun, wozu sie Anlage und Natur treibt, sondern stets etwas andres, oft das Gegenteil . . . Das einzige, worin ich mich von der Masse und von denen, die ich Dilettanten und Streber nenne, unterscheide, ist das, daß ich weiß, zu welcherlei Arbeit und Dienst mein Gehirn und meine Vorgeschichte mich bestimmen, und daß ich diese Arbeit so konzentriert wie möglich zu tun suche.« . . . »Die Welt wird nicht rascher fortschreiten, wenn ihr Dichter zu Volksrednern, Philosophen zu Ministern macht. Sie wird fortschreiten überall da, wo ein Mensch das tut, wozu er da ist, was seine Art von ihm fordert, was er darum gut und gerne tut.«
Was Hesse hier nur für sich selbst, für den Künstler zu formulieren scheint, ist, glaube ich, gleichermaßen verbindlich und wichtig für alle. Denn der Künstler ist für ihn nichts anderes als »eine Art Nerv im Körper der Menschheit, ein Organ zum Wecken, zum Warnen und Aufmerksammachen«, ein Organ also, das durch seine exponierte Lage auf die Gefahren, die dem Organismus drohen, empfindlicher reagiert als die übrigen, anders spezialisierten Zellen des gesellschaftlichen Organismus.
In dieser Bestärkung des Individuellen gegen die zunehmende politische und industrielle Nivellierung und in seinem Kampf gegen die Monotonisierung zugunsten der Vielfalt der Welt liegt wohl das entscheidende Motiv für das internationale Echo, das dieser Autor heute findet. »Ich bestärke«, schrieb er 1933, »soweit meine Einfühlung reicht, jeden Einzelnen in dem, was ihn von den Normen trennt, und suche ihm den Sinn davon zu zeigen.«

Es ist eine der attraktivsten Paradoxien dieses Autors, daß er, der nie irgendwelches Aufsehen um die politischen Funktionen des Schriftstellers machte, ja, der sich selbst zeitlebens mit gereiztem Nachdruck als »unpolitisch« bezeichnete (»Mir liegt alles Politische nicht, sonst wäre ich längst Revolutionär«), eine Kenntnis und einen Scharfblick für Politisches hatte wie nur wenige seiner Zeitgenossen. Betroffen und vorausblickend hat Hesse das Zeitgeschehen verfolgt und es verstanden, allen protektionistischen Versuchungen der Parteien und Interessengruppen zum Trotz, sich die Unabhängigkeit seines Urteils zu bewahren. »Wessen Persönlichkeit sich schwer und kämpfend aus seinen Herkünften losgelöst hat«, schrieb er, »der neigt nicht dazu, seine teuer erkaufte Freiheit und Verantwortlichkeit an irgendein Schema und Programm, eine Schule, eine Richtung und Clique hinzugeben.« Hinzu kam – trotz beachtlicher schriftstellerischer Erfolge – Hesses für seine Kollegen geradezu provozierender Mangel an

Eitelkeit, der es ihm erlaubte, sich in einem unbestechlichen Abseits vom narzißtischen Karussell des Kulturbetriebs zu halten und skeptisch gegenüber allen verlockenden Annäherungsversuchen zur Repräsentanz im öffentlichen Leben zu bleiben. Diese nämlich hatte Hesse schon früh durchschaut als »Versuche der offiziellen Welt, sich ihrer Verlegenheit inoffiziellen Leistungen gegenüber zu erwehren« und als recht konjunkturabhängige Spielarten der Käuflichkeit, womit auch die kulturelle Prominenz den Zwecken von Parteien und Interessengruppen dienstbar gemacht werden sollte. So konnten ihm konjunkturbedingte Ansteckungsgefahren, auch politische Anpassungszwänge nicht gefährlich werden.

An keine Programme und Institutionen gebunden, brauchte Hesse nirgends vorsichtig zu sein und diplomatische Rücksichten zu nehmen, sondern konnte ohne jeden Vorbehalt mit gutem Gewissen die Dinge bei ihrem wirklichen Namen nennen. Diese politische Kompromißlosigkeit war bei ihm so wenig von Anfang an da wie bei den anderen seiner prominenten Zeitgenossen. Sie setzte nur früher ein als bei den meisten. Hesses politische Lehrzeit waren die beiden Jahre nach Beginn des Ersten Weltkriegs, zu dem auch er sich – was weitgehend unbekannt ist – als Kriegsfreiwilliger meldete, dann aber wegen hochgradiger Kurzsichtigkeit vom Militärdienst freigestellt wurde. Ganz zu Anfang gelang es ihm noch, an die Notwendigkeit und Berechtigung dieses Krieges zu glauben, doch der illegale Einbruch deutscher Truppen in das neutrale Belgien und die in sicheren Studierzimmern verfaßten blutigen Schlachtgesänge seiner Kollegen verunsicherten diesen Glauben. 5000 solcher Konjunkturgedichte wurden damals wöchentlich in deutschen Blättern publiziert. Der Literaturkritiker Julius Bab hat sich den beklemmenden Spaß gemacht, das einmal nachzuzählen. An die Adresse solcher Kollegen wendet sich Hesses erster politischer Aufruf »O Freunde, nicht diese Töne« vom 3. 11. 1914. Ihm folgen während des Krieges mehr als zwanzig weitere zeitkritisch-politische Artikel. Doch trotz dieses publizistischen Engagements vermag er nicht länger tatenlos den Ereignissen zuzusehen, für die unzählige Einberufene, auch wenn sie lieber den Kampf mit der Waffe verweigert hätten, ihr Leben aufs Spiel setzen mußten. Als sich eine Möglichkeit bietet, in der Deutschen Kriegsgefangenenfürsorge tätig zu werden, greift er sofort zu. Mit welchem Einsatz er sich bis 1919 dieser Sache gewidmet hat, zeigen seine Briefe. »Daß ich meine Fürsorge«, schreibt er 1918, »in einem Geist ausübe, der dem meiner Behörden und unserer Offiziellen überhaupt genau entgegengesetzt ist, macht mir ... ein gewisses Vergnügen ... denn die Regierung hat anderes zu tun, wo sie eingreift, pflegt sie nur das Patriotische und Kriegerische.«

Hunderttausende von Kriegsgefangenen werden nun von Bern aus mit Lektüre versorgt (schon 1912 war Hesse in die Schweiz ausgewandert). Daneben redigiert Hesse zwei Zeitschriften für Gefangene, herausgegeben unter dem Decknamen eines Schweizers, damit die feindlichen Aufsichtsbehörden nicht mißtrauisch werden. Als ihm 1917, um seine Gefangenenarbeit nicht zu gefährden, nahegelegt wird, derlei Publizistik zu unterlassen, findet sich bis Kriegsende in den Zeitungen nichts aktuell Zeitkritisches mehr von ihm, statt dessen zwei ungemütliche Satiren eines bisher ganz unbekannten Autors namens Emil Sinclair. Desselben Sinclair, der zwei Jahre darauf den Fontanepreis erhielt für sein erstes Buch »Demian«, das Thomas Mann und

C. G. Jung verblüffte und worüber Alfred Döblin schrieb: »Mit einer Sicherheit, die ohnegleichen ist, rührt er an das Wesentliche; er hebt ans Licht die urgeborene Amoralität ... wie grenzenlos schwer ist es, das zu sehen, dahin vorzudringen.« Hätte Döblin geahnt, daß Emil Sinclair u.a. ein Deckname und Selbstschutz Hermann Hesses war, »um nicht die Jugend durch den bekannten Namen eines alten Onkels abzuschrecken«, er hätte das Buch wohl ungelesen beiseite gelegt, vergleichbar vielen Zeitgenossen hierzulande, denen die Wahrnehmung für das, was Hesse heute bei der jungen Generation so faszinierend gemacht hat, verstellt ist durch das, was sie über ihn zu wissen glauben.

Völlig anonym, diesmal selbst ohne Decknamen, erscheint 1919 eine Flugschrift, die Hugo Ball das Revolutionsvermächtnis Hermann Hesses genannt hat: »Zarathustras Wiederkehr«. Ein Wort an die deutsche Jugend von einem Deutschen. In seinem Motto heißt es: »Wir müssen nicht hinten beginnen bei den Regierungsformen und politischen Methoden, sondern wir müssen vorn anfangen beim Bau der Persönlichkeit, wenn wir wieder Geister und Männer haben wollen, die uns Zukunft verbürgen.«

So sehr Hesse 1919 die Revolution erhofft und begrüßt als eine der beiden Möglichkeiten zur Überwindung des Überlebten und Reaktionären (den Sozialismus hielt er für »unentbehrlich und unumgänglich« und für »die einzige Lehre, die an den Grundlagen unserer falschen Gesellschaft und Lebensweise wenigstens ernstlich Kritik übt«), sich selbst an der Revolution zu beteiligen vermag er nicht. Denn zu billigen, daß Menschen umkommen, damit andere es dann vielleicht etwas besser haben, ist nicht seine Sache. Aus der Erfahrung des Krieges nicht und schon gar nicht als Künstler. Das wäre »von hinten« begonnen bei den Regierungen und politischen Methoden. Als Künstler aber ist er ein Fühler, ein vorgeschobener Posten der Gesellschaft, er ist »weder etwas Besseres noch etwas Geringeres als der Minister, als der Ingenieur, als der Volksredner, aber er ist etwas vollkommen anderes als sie. Ein Beil ist ein Beil und man kann damit Holz spalten oder auch Köpfe«, schreibt er. »Eine Uhr aber oder ein Barometer sind zu anderen Zwecken da, und wenn man mit ihnen Holz oder Köpfe spalten will, gehen sie kaputt, ohne daß irgend jemand davon Nutzen hat.«

Nicht praktische Politik, nicht das Durchsetzen von Gedanken, die rasch zur Tat werden sollen, nicht Diplomatie, nicht Agitation, nicht Parteilichkeit und Abfinden bereits mit dem kleineren Übel, nicht handgreifliche Veränderung des bereits Pathologischen wird der Veranlagung des Künstlers gerecht, benützt seine besten Kräfte und macht ihn nicht austauschbar, sondern die sozialen Wirkungen des Künstlers sind vorbeugend und langfristiger. Sie verallgemeinern nicht, sie differenzieren.

Für Hesse beginnt jede nachhaltige Veränderung immer zuerst im individuellen Bereich: »Stets wird die Überwindung des Egoismus und der Trägheit nur von Einzelnen geleistet, nie von Majoritäten.« Wenn sich der Einzelne verändert und bewährt, leistet er der Gesellschaft durchaus keinen geringeren Dienst als jene, die sich zugestehen, andere zu verändern: »Ich rate«, schreibt er, »keinem ab, sich einer Partei anzuschließen, sage aber jedem, daß, wenn er es zu jung tut, er Gefahr läuft, nicht bloß das eigene Urteil zu verkaufen gegen die Annehmlichkeiten, von Genossen umgeben zu sein, sondern ich weise jeden vor allem darauf hin, daß Zugehörigkeit zu Programm und Partei kein Spiel sein darf, sondern volle Gültigkeit haben muß: daß also, wer sich auf Revolution einläßt, nicht bloß selber mit Leib und Leben seiner Sache zur Verfügung stehen, sondern auch zum Töten, zum Maschinengewehr und Gas entschlossen und fähig sein muß.« Hesse war dazu nicht fähig. Denn sich zum Sozialismus bekennen, bedeutete damals noch, und insbesondere für Hesse, Rechenschaft abzugeben über die Frage: »Will und billige ich die Revolution? Kann ich ja dazu sagen, daß Menschen totgeschlagen werden, damit andere Menschen es dann vielleicht etwas besser haben? . . . Ich gestehe mir das Recht zu Revolution und Totschlag nicht zu. Das hindert nicht, daß ich die Volksmenge, die irgendwo totschlägt und in Not und Wut explodiert, für unschuldig halte. Ich selber aber wäre, wenn ich dabei mittäte, nicht unschuldig.«

Am 18. 11. 1918, eine Woche nach Abschluß der Waffenstillstandsverhandlungen, antwortete er daher auf ein Telegramm, das ihn zu politischer Aufbauarbeit innerhalb der Württembergischen Landesregierung aufforderte: »Mein Dienst und Beruf ist der der Menschlichkeit. Aber Menschlichkeit und Politik schließen sich im Grunde immer aus. Beide sind nötig, aber beiden zugleich dienen ist kaum möglich. Politik fordert Partei, Menschlichkeit verbietet Partei.«

Diese Antwort verdient eine genauere Betrachtung: Parteien müssen sich unterscheiden. Je offensichtlicher, desto besser. Gut, wenn das möglich und von der Sache her gerechtfertigt ist. Doch ob gerechtfertigt oder nicht: nie kommt Parteilichkeit ohne verallgemeinernde Unterstellungen und Feindbilder aus. Der Konkurrent muß suspekt und verächtlich gemacht werden. Wie sonst wäre es möglich, die eigene Position als die einzig gerechtfertigte und wünschenswerte zu plakatieren? Um der Wirksamkeit der eigenen Tendenz willen werden Konkurrenten zu Gegnern. Was sich nach Hesses Auffassung ergänzen müßte, verbeißt sich in unvereinbare Gegensätze. Je übertriebener das Feindbild des einen, desto karikierender antwortet der andere. So liefert man sich gegenseitig das, was man braucht: dekorative Feindseligkeiten und mit ihnen die scheinbare Legitimation der eigenen Machtansprüche vorgetragen mit dem scheinheiligen Pathos der Selbstlosigkeit für das große Ganze. Früh schon hat Hesse dieses wechselseitige Hochschaukeln politischer Aggressionen, diesen uralten circulus vitiosus der Gewalt durchschaut und sich deshalb jeder parteilichen Solidarisierung auch mit dem kleineren politischen Übel enthalten. Er tat es als Künstler, dessen Arbeitsbedingung nicht das Verallgemeinern, sondern das Differenzieren, die möglichste Genauigkeit und Gewissenhaftigkeit ist. Überparteiliche Menschlichkeit, das ist für Hesse alles andere als elitäre Distanz, aber auch nicht Ideologie, Selektion und Solidarisierung mit »Anhängern von Meinungen, zu deren Nachprüfung ihr Geist gar nicht ausreicht«. Sie ist für ihn etwas durchaus Praktisches und Alltägliches und unterscheidet weder nach Nationalitäten, Rassen, Konfessionen noch nach Weltanschauungen. Diese interessieren Hesse »nur da, wo sie zu Taten und Opfern führen« . . . »Ich habe«, schreibt er, »in meinem Leben, das reich an Bekanntschaften mit Menschen vieler Länder war, bisher nur eine ganz erstaunlich kleine Zahl von Menschen kennengelernt, deren politische Ansichten tatsächlich sehr weit von denen der Leitartikel, die sie lesen, abweichen . . . Darum bin ich geneigt, die politische Meinung nicht als ein echtes Merkmal einer Persönlichkeit anzuerkennen und interessiere mich viel mehr für das, was hinter diesen Meinungen steht, für die Menschen selbst. Die sind fast immer besser und sind ausnahmslos immer weit interessanter als ihre Meinungen.«

Überparteiliche Menschlichkeit, das war die Herausforderung Hesses an seine Zeit. Seine Zeitgenossen hat er weniger an der Originalität ihrer Formulierungen, Gesinnungen und theoretischen Kenntnisse gemessen, als daran, inwieweit diese gelebt wurden und zu Taten führten, zu greifbarer Hilfe für die Benachteiligten: »Ich bin immer für die Unterdrückten, gegen die Unterdrücker, für den Angeklagten, gegen die Richter, für die Hungernden gegen die Fresser gewesen«, schrieb er 1931. In seiner nach dem Ersten Weltkrieg gegründeten politisch-sozialen Zeitschrift »Vivos voco« hatte er sich schon 1922 als einer der ersten gegen »die blödsinnige, pathologische Judenfresserei der Hakenkreuzbarden und ihrer zahlreichen, namentlich studentischen Anhänger« gewandt.

Hesses im Ersten Weltkrieg entwickelter Scharfblick für Politisches, seine Hellhörigkeit für suspekte Argumentation haben ihn nicht verändert. Im Gegenteil: aus seiner zuvor instinktiven Hemmung, seinen Erfahrungen und Überzeugungen mit politischen Mitteln Gehör zu verschaffen, ist eine immer bewußtere Verweigerung der Parteilichkeit geworden. Denn durch ihre einseitigen Vereinfachungen und Verallgemeinerungen werden die Theorien und Programme der politischen Parteien der Vielfalt des Menschen nicht gerecht. Die beiden stärksten Einflüsse, die unser Verhalten bestimmen, die äußeren, zu lange totgeschwiegenen und verharmlosten, nämlich Erziehung, Umwelt und soziale Situation, nicht weniger als die individuellen, als die genetische Erbinformation und deren Verwirklichung, werden selten zusammen gesehen, sondern ideologisch gegeneinander angespielt. Zusammengehöriges wird getrennt und aus Scheinalternativen wie rational-irrational oder aus Simplifizierungen wie »links–rechts« wird politisches Kapital geschlagen. Denn agitatorisch verwendbar ist immer nur das Extrem, die Beschränkung des Vielfältigen auf narrensichere Vereinfachungen, Parolen und Feindbilder: Faschismus – Kommunismus, rechts – links. Nur so lassen sich Feinde konstruieren. Auch ehrgeiziger Selbstzweck tarnt sich am vorteilhaftesten mit Ideologie.

Was es auf sich hat mit dem Kult des Genetischen und dem »Recht des Stärkeren« der Evolution und dem Populär-Darwinismus, das haben wir im Faschismus mit deutscher Gründlichkeit erlebt und sind hoffentlich ein für allemal dagegen immunisiert. Doch 25 Jahre politischer Verteufelung der anderen Kausalkette, die ausschließlich die äußeren, die sozialen Strukturen für die Wurzel allen Übels hält, haben uns heute in neue Einseitigkeiten manövriert und einen Nachholbedarf an Marxismus geschaffen, der mit kaum weniger bedenklicher Ausschließlichkeit und »faustisch-deutscher Selbstverleugnung« nachgeholt zu werden droht. Und wieder wird dabei eine differenzierte Optik verstellt durch parteiliche Schwarz/Weiß-Kontrastierung. 1950 schreibt Hesse: »Der faschistische Versuch ist ein rückläufiger, unnütziger, törichter und gemeiner Versuch, der kommunistische Versuch aber ist einer, den die Menschheit machen **mußte,** und der trotz seinem traurigen Steckenbleiben im Unmenschlichen wieder und wieder wird gemacht werden müssen, um zwar nicht die dumme »Diktatur des Proletariats«,

aber doch etwas wie Gerechtigkeit und Brüderlichkeit zwischen Bürgertum und Proletariat zu verwirklichen. Man vergißt das leicht bei der Ähnlichkeit der Methoden, mit denen Faschismus und Kommunismus arbeiten.«
Es gibt von Hesse hinreißende Stellungnahmen zur politischen Physiognomie des Deutschen, gegen den Faschismus, gegen die Blut- und Boden-Deutschtümelei und andere, mit eingeschränkt umgekehrten Vorzeichen zum Kommunismus, mit dem er sich spätestens ab 1931 intensiv beschäftigte, war er doch damals die einzige weltanschauliche Alternative, die allenfalls für ihn in Frage kam: »Für die Zukunft schiene mir Deutschland die Aufgabe zu haben«, schrieb er, »zwischen Sowjet und dem Westen neue Formen der Entkapitalisierung zu finden.« Und in einem Gedicht »Absage«, das er 1933 als Antwort auf die zahlreichen Fragen, warum er sich denn nicht mit den Kommunisten solidarisiere, seinen Freunden sandte, heißt es:

»Lieber von den Faschisten erschlagen werden
Als selbst Faschist sein!
Lieber von den Kommunisten erschlagen werden
Als selbst Kommunist sein!
Wir haben den Krieg nicht vergessen. Wir wissen,
Wie das berauscht, wenn man Trommel und Pauke rührt.
Wir sind taub, wir werden nicht mitgerissen,
Wenn ihr das Volk mit dem alten Rauschgift verführt.
Wir sind weder Soldaten noch Weltverbesserer mehr,
Wir glauben nicht, daß 'an unserem Wesen
Die Welt müsse genesen'.
Wir sind arm, wir haben Schiffbruch erlitten.
Wir glauben alle die hübschen Phrasen nicht mehr,
Mit denen man uns in den Krieg gepeitscht und geritten . –
Auch die euren, rote Brüder, sind Zauber und führen zu Krieg und Gas!

Auch eure Führer sind Generäle,
Kommandieren, schreien und organisieren.
Wir aber, wir hassen das,
Wir trinken den Fusel nicht mehr,
Wir wollen Herz und Vernunft nicht verlieren,
Nicht unter roten noch weißen Fahnen marschieren.
Lieber wollen wir einsam als ›Träumer‹ verderben.
Oder unter Euren blutigen Bruderhänden sterben,
Als irgendein Partei- und Machtglück genießen
Und im Namen der Menschheit auf unsre Brüder schießen!«

Das war die Lektion, die bereits der erste Krieg dem damals noch politisch-publizistisch Engagierten erteilt hat und auf die er sich eindeutig in seinen Briefen und Betrachtungen, in zeit- und kulturkritischen Schriften – alternativ in seinen Dichtungen – künftig immer wieder bezieht. So gibt es auch nach Kriegsende 1918 für Hesse keine »Dolchstoßlegende«, keine Flucht vor Selbstkritik in die Suche nach äußeren Ursachen und Bezichtigung anderer. Damals schreibt er: »Daß es einfacher ist, im Elend die Schuld bei andern zu suchen, das weiß auch ich. Daß nirgends einseitige Schuld besteht, auch nicht

bei diesem Krieg, sondern daß Schuld immer auf beiden Seiten ist, weiß ich ebenfalls. Ich bin jedoch der Meinung, daß das Feststellen von fremder Schuld niemals etwas in der Welt besser macht, weil immer auch eigene Schuld da ist«, und an anderer Stelle heißt es: »Was wir ändern können und sollen, das sind wir selber: Unsere Ungeduld, unseren Egoismus, unser Beleidigtsein, unseren Mangel an Liebe und Nachsicht. Jede andere Änderung der Welt, auch wenn sie von den besten Absichten ausgeht, halte ich für nutzlos . . . Sowohl von bürgerlicher wie von proletarischer Seite her wird die Einzelpersönlichkeit heute als Selbstzweck abgelehnt. Die Fabriken gedeihen dabei vorzüglich, aber es hat sich . . . schon in ganz kurzer Frist in Deutschland gezeigt, wie ganze lebenswichtige Funktionen des Volkskörpers notleiden und in tödliche Krisen geraten, wenn es an jener Energie, Verantwortlichkeit und innerer Reinheit gebricht, die nur der hochgesinnte Einzelne aufbringt. Die grauenhafte Entartung des politischen Betriebes, des Parteilebens und des Parlamentarismus zeigt uns deutlich, wo es fehlt, und dieselben Parteien, die es einem auch nur wenig über Durchschnitt differenzierten Menschen unmöglich machen, in ihnen auszuharren, schreien nachher nach dem 'starken Mann'.« (1933)
Hesse, nicht zuletzt aufgrund dieser Positionen bei uns als hoffnungslos unpolitisch etikettiert, wurde in den USA zunehmend politisch verstanden in einem Sinn, den er im »Glasperlenspiel« mit dem Satz gekennzeichnet hat: »Je schärfer und unerbittlicher wir eine These formulieren, desto unwiderstehlicher ruft sie nach der Antithese.« Ihren politischen Stellenwert erhält diese Äußerung im Zusammenhang mit einer Feststellung der Universitätszeitschrift Yale Review, die in einem Essay »On the Germanization of American Youth« Herbert Marcuse und Hesse als die beiden Autoren bezeichnet, die den größten Einfluß auf die Jugend in den USA haben. Denn auch Hesse geht es um die Veränderung im Sinne einer Humanisierung gesellschaftlicher Zustände. Nur ist seine Taktik eine andere, weil er sich nicht an Massen, Kollektive oder Parteien, sondern ausschließlich an den Einzelnen wendet.
Auf diesen auch heute wieder als hoffnungslos individualistisch, als »elitär« und »innerlich« verdächtigten Positionen beruht ein Gutteil der Attraktivität, die Hesse auf die jungen – also noch nicht an das Establishment, gleich welcher ideologischen Maskierung, angepaßten – Generationen ausübt. Die Bemühung um Gerechtigkeit, die ohne Tendenz, ohne die amüsante und plakative Einseitigkeit parteilicher Verallgemeinerungen und Verteufelung des Gegners auskommen muß, gilt als weltfremd und verschwommen, doch wohl nur, weil sie nicht aktivistisch ausmünzbar ist.

Begonnen freilich hatte es in den USA mit einem Mißverständnis. Denn mehr als die Empfehlungen T.S. Eliots, Thornton Wilders, Colin Wilsons und nicht zuletzt Henry Millers, der sich als erster in den USA tatkräftig für Hesse einsetzte, bewirkte ein Essay »Hermann Hesse, the Poet of the Interior Journey«, den Timothy Leary 1963 in »The Psychedelic Review« veröffentlichte. Der letzte Teil des ›Steppenwolf‹, das ›Magische Theater‹, wird dort als »unschätzbares Lehrbuch« verschrieben: »Vor jeder LSD-Sitzung solltest du »Steppenwolf« und »Siddhartha« lesen.« Sehen wir, was Hesse hierzu schon 1933 an einen Leser in Düsseldorf schrieb: »Ihre Frage, ob ich es im

Steppenwolf mit irgendetwas ernst meine, oder einfach ein angenehmes Einduseln in Opiumräusche vorschlage, war für mich nicht nur eine persönliche, sondern auch eine prinzipielle Enttäuschung.«
Erweiterung der Wahrnehmung durch Leistung, durch Austragen der Spannungen, nicht Bewußtseinserweiterung durch äußere, künstlich-medikamentös ausgelöste Illusionen (die ja nichts ›erweitern‹, sondern allenfalls das, was ohnehin schon da ist, variieren oder intensivieren können): das ist der Weg der Figuren Hesses von Hans Giebenrath bis hin zu Josef Knecht. Der »Steppenwolf« ist die bei weitem schonungsloseste seiner Selbstanalysen. Außer in der Jugend, in den Jahren nach seinem Ausbruch aus dem theologischen Seminar, war Hesse nie wieder so exponiert und gefährdet wie in der Zeit vor und während der Niederschrift des »Steppenwolf«. Die Tendenz dieses Buches ist keine Flucht aus dem Gesellschaftlichen ins Private, kein »Zurück zur Natur« und auch kein »angenehmes Einduseln in Opiumräusche«, sondern die auch hier wiederkehrende Herausforderung an jeden Einzelnen, mit der Veränderung bei sich selbst zu beginnen, wie Hesse mit diesem Buch zunächst bei sich selbst begonnen hat, und zwar so intensiv, daß es Kurt Pinthus, ein Zeitgenosse, bereits 1927 »eines der unbarmherzigsten und seelenzerwühlendsten Bekenntnisbücher« genannt hat, »düsterer und wilder als Rousseaus ›Confessions‹, ein Dokument vom Untergang des alten Menschen und der alten Zeit.«
Die Hauptfiguren des »Steppenwolf« zeigen nahezu unmaskiert die Zerrissenheit seines Selbstverständnisses. Jeder Person im »Steppenwolf« entspricht ein Konflikt des Autors. Die Namen Harry Haller (H.H.) und Hermine sind kaum mehr maskierte Signale für Identität. Bei so deutlicher Durchschaubarkeit scheinen Mißverständnisse absurd, und doch hat der letzte, der utopische Teil des »Steppenwolf«, das »Magische Theater«, die widersprüchlichsten Deutungen erfahren. Hesse hatte mit Harry Haller alles gemeinsam: die Mansarde (in Basel), die »selbstgemalten, leuchtenden Aquarelle«, das Gandhi-Bild an der Wand, die aufgeschlagenen Jean Paul- und Dostojewski-Bände, die Erleichterung durch den Gedanken, sich am Tage des fünfzigsten Geburtstags das Leben zu nehmen, warum nicht auch die Erfahrung mit Drogen? Bereits 1912 berichtet er in einer Tagebuchnotiz aus Indien: »Seit einigen Tagen lebe ich von Rotwein und Opium.« Hier könnte also ein Anhaltspunkt gegeben sein. Doch wissen wir, daß das Opium hier (Betäubung physischer Schmerzen als Folge einer mißglückten Augenoperation in der Jugend) und im »Steppenwolf« eine völlig andere Rolle spielte als bei den Hippies. Was ihn und die Figuren seiner Bücher zu ihren häufigen Verwandlungen befähigt hat, ist niemals Verdrängung der Konflikte, sondern gerade das Gegenteil: »Der kürzeste Weg durch die Welt der Schmerzen«, schreibt er, »führt mitten durch den Schmerz hindurch.« Und im »Steppenwolf« heißt es: »Mit dem Zurück zur Natur geht der Mensch stets einen leidvollen und hoffnungslosen Irrweg. Der Weg . . . führt nicht zurück, sondern vorwärts, nicht zum Wolf oder Kind, sondern immer weiter in die Schuld, immer tiefer in die Menschwerdung hinein.«
Gemeinsam mit Harry Haller hingegen teilt unsere Generation ihre Aggression: »Wenn ich eine Weile . . . die laue, fade Erträglichkeit sogenannter guter Tage geatmet habe, dann wird mir«, heißt es im »Steppenwolf«, »so

windig weh und elend, daß ich die verrostete Dankbarkeitsleier dem schläfrigen Zufriedenheitsgott ins zufriedene Gesicht schmeiße und lieber einen recht teuflischen Schmerz in mir brennen fühle, als diese bekömmliche Zimmertemperatur. Es brennt alsdann in mir eine wilde Begierde nach starken Gefühlen und Sensationen, eine Wut auf dies abgetönte, flache, normierte Leben und eine rasende Lust, irgend etwas kaputtzuschlagen, etwa ein Warenhaus oder eine Kathedrale oder mich selbst, verwegene Dummheiten zu begehen, ein paar verehrten Götzen die Perücken abzureißen . . . oder einigen Vertretern der bürgerlichen Weltordnung das Gesicht ins Genick zu drehen. Denn dies haßte, verabscheute und verfluchte ich von allem doch am innigsten: diese Zufriedenheit, diese Gesundheit, Behaglichkeit, diesen gepflegten Optimismus des Bürgers, diese fette, gedeihliche Zucht des Mittelmäßigen, Normalen und Durchschnittlichen.«

Aber wie Hermann Hesse haben die differenzierteren Vertreter dieser Generation auch erlebt, daß mit dem Naheliegendsten, dem besinnungslosen Entladen solcher Aggressionen, so begründet und elementar sie oft genug sein mögen, nichts ausgerichtet wird, daß durch Gewalt auch das berechtigte Motiv seine Glaubwürdigkeit verliert, daß es allzu vordergründig und hormongesteuert ist, Humanisierung und Veränderung durch dieselben Methoden erreichen zu wollen, die man bekämpft.

Hesse lebte seine Konflikte, bis er sich durch ihre Darstellung von ihnen befreien konnte. »Es gibt den Frieden, gewiß«, schreibt er, »aber nicht einen, der dauernd in uns wohnt und uns nicht mehr verläßt. Es gibt nur einen Frieden, der immer wieder mit unablässigem Kämpfen erstritten wird und von Tag zu Tag neu erstritten werden muß.« Doch was ist das für eine Umwelt, die dem sensiblen, noch nicht abgerichteten Menschen als Konsequenz nur die Alternativen: Revolution oder Betäubung zuzulassen scheint und den Schriftsteller nötigt, sich ein »Magisches Theater« zu erfinden? Schon früh, schon in seinen ersten Büchern, hat Hesse die Symptome genannt, die sich zu solchen Auswüchsen zuspitzen mußten: die naive Vernünftigkeit der Fortschrittspioniere, deren hochspezialisierte Fertigkeiten Freiheiten schaffen, deren man sich nicht bedient, sondern die man bedient, und die nach Hesse dazu führen, daß »unser Leben, das durchschnittliche Leben eines heutigen Abendländers so scheußlich ist, daß es nur von Klötzen, von Idioten, von Leuten ohne Nerven, ohne Geschmack, ohne feine Schwingungen ertragen werden kann. Der 'Heroismus'«, schreibt er 1940, »ist ja denn auch das Ideal dieser Zeit und endet bei 40 Grad Frost im Schützengraben.«

Während des Vietnamkriegs von der jungen Generation Amerikas entdeckt, hat vor allem »Der Steppenwolf« mittlerweile tiefgreifende gesellschaftliche Wirkungen ausgelöst und beschleunigt, ohne welche die gegenwärtige Besinnung auf Umweltschutz, Lebensqualität, Zivilisationskritik, Wehrdienstverweigerung nicht den Platz einnehmen könnte, der ihr heute zukommt. So antwortete auf die Frage, was in aller Welt dieser Schriftsteller der jungen Generation in Amerika heute bedeuten könnte, eine New Yorker Studentin: »Hesse ist das antimaterialistische Ferment, das Amerika braucht.« Und inwieweit gilt das auch für die Bundesrepublik Deutschland?

Daß Autoren, die das Verbindende, nicht das Trennende bewußtzumachen bemüht sind, keine irrationalen Schwärmer und wirklichkeitsfremden Utoisten zu sein brauchen, haben Schriftsteller wie Thomas Mann, Stefan Zweig, Robert Walser und Hermann Hesse bewiesen. Zugleich aber wirft besonders eine Gestalt wie Hesse ein unerwartetes Licht auf unser mit Recht gebrochenes Verhältnis zur kompromittierten, politisch mißbrauchten deutschen Romantik.

Wenn es Romantik ist, Natur und Geist nicht als Gegensätze zu sehen, sondern als zusammengehörig und voneinander abhängig wie Körper und Psyche; wenn es Romantik ist, die in den Naturwissenschaften längst schon erkannten und genutzten Gemeinsamkeiten und Überschneidungen physikalischer, chemischer und biologischer Vorgänge als zusammenhängend und innerhalb einer Ganzheit aufeinander bezogen zu sehen; wenn Romantik Allergie ist gegen alles Inszenierte und Sensationelle; wenn Romantik Verweigerung ist gegenüber dem Totalitätsanspruch des Rationalismus und seiner vollautomatisierten Fortschrittlichkeit; wenn Romantik das Gegenteil ist von Nationalismus, Restauration und Kult des Unbewußten, dann war Hermann Hesse zweifelsohne ein Romantiker. Doch hat ihm Romantik niemals politische Reaktion bedeutet. Es findet sich bei ihm nichts von der aggressiven Sentimentalität der Epigonenromantik, deren Pathos mit deutschtümelndem Dunst politische Katastrophen eingenebelt und auf Kosten von Artikulation und Bewußtsein einem Kult der primitivsten Instinkte Vorschub geleistet hat. Man findet auch nichts von der rührseligen, spezifisch deutschen Sentimentalität der bei Bier und Folklore nicht über den Weg zu trauen ist. »Was weiß unsere Zeit heute noch vom Geist der Romantik?«, schrieb Hesse bereits im Oktober 1926 in der »Frankfurter Zeitung«, »Diese kühne große Woge deutschen Geistes scheint im Sand verlaufen und das Wort Romantik ist eine Art von Schimpfwort geworden, mit dem der heutige Deutsche alles das bezeichnet, was ihm unrentabel, verstiegen und jugendlich-idealistisch erscheint, und gerade die, die sich am lautesten Patrioten nennen, wenden das Schimpfwort fast auf alle einigermaßen edleren Regungen des heutigen jungen Deutschland an, beinahe auf alle Bestrebungen, die etwas Edleres bezwecken als den nächsten Krieg!« Vom Krieg ist dann auch vier Jahre später anläßlich seines Austritts aus der Preußischen Akademie der Künste wieder die Rede: »Beim nächsten Krieg«, schreibt er 1930, »wird diese Akademie viel zu der Schar jener 90 oder 100 Prominenten beitragen, welche das Volk wieder wie 1914 im Staatsauftrag über alle lebenswichtigen Fragen belügen werden.« Wie »innerlich« und »romantisch« müssen erst diejenigen sein, die einen solchen Romantiker in den Elfenbeinturm verbannt haben? Soviel zur Politik. Hesses politische Haltung in ihren wichtigsten Positionen wenigstens zu streifen, war nicht nur zur Analyse seiner übernationalen Wirkung unabdingbar, sondern auch um dem in der heutigen Literaturwissenschaft so weit verbreiteten Vorurteil entgegenzuwirken, daß Autoren mit einer Affinität zu den oppositionellen Idealen der deutschen Frühromantik zwangsläufig faschistoide Tendenzen vorbereiten oder gar selbst in sie münden. Das Beispiel Hesses zumindest entlarvt diese These als tendenziöse Unterstellung und Verallgemeinerung.

Ebenso wichtig wie die Inhalte der Schriften Hesses, ihre politischen und emanzipatorischen Perspektiven ist die Art der Vermittlung, die Sprache dieses Autors. Was zunächst auffällt und insbesondere die Literaturwissenschaftler so häufig irritiert, ist der scheinbare Gegensatz zwischen der traditionellen Form und den zukunftsweisenden Inhalten, die diese Form transportiert; Inhalten, die durch das Allgemeinverständliche der Darstellung offenbar besser verbreitet werden als durch einen Stil, der anspruchsvoller und verschlüsselter wäre.

Hesses Bücher lesen sich leicht. Das Einfache ihrer Sprache, das, was seine Schriften so großen Leserschichten gleich welchen Alters, welcher Bildung und Nationalität zugänglich macht, ist aber nur auf den ersten Blick simpel. Um so schreiben zu können, muß man zuerst so gelebt haben. Dann ergibt sich ungesucht eine Präzision des Ausdrucks, deren suggestive Einfachheit manchem wie Harmlosigkeit vorkommen mag, weil er die Dinge selbst und nicht mehr über sie reden hört. Denn die Fähigkeit, Ursachen zu erkennen und ihre Wirkungen sinnlich beim Namen zu nennen, steht und fällt mit der Intensität des Erlebten und dem Grad der Verletzbarkeit des Darstellers. Diese bestimmen das Ausmaß, in dem Individuelles in Allgemeingültiges umschlagen und psychische Gesetzmäßigkeiten freilegen kann, die auch in der veränderten Umwelt anderer Generationen wiedererkannt und als gegenwärtig erlebt werden.

»Auf Kosten der Verständlichkeit und der klaren, eindeutigen Form originell zu sein, das ist nicht Kunst«, schrieb Hesse. Problematik wird bei ihm nicht problematisch dargestellt. Sie wird ihm nicht erst am Schreibtisch bewußt, sondern ist – als Voraussetzung seines Schreibens – der Niederschrift vorangegangen. Das läßt sich auch an seinen Manuskripten erkennen, von denen es in der Regel nur zwei Fassungen gibt: eine handschriftliche und die Schreibmaschinenabschrift für den Drucker. Die Handschriften wirken wie unter Diktat entstanden, rasch und in einem Guß geschrieben. Ganz selten einmal eine Einfügung oder Korrektur. Im Moment der Niederschrift ist bei Hesse der Kampf um Inhalt und Form überwunden. So glückt es ihm, komplizierte Vorgänge mit einem Minimum an Aufwand darzustellen. Statt Belehrung, Theorie und Abstraktion gibt er erlebte Beispiele, die wohl deshalb so überzeugen, weil er es nur selten nötig hat, etwas zu erfinden. Denn unerschöpflicher als die Phantasie war ihm die Wirklichkeit. Seine Bücher lesen sich so, als ob von uns selbst die Rede wäre, ja als könnten wir selbst sie geschrieben haben. Bei Hesse werden uns die sogenannten alltäglichen Erscheinungen, für die wir durch Reizüberflutung blind geworden sind, wieder in einer Frische und Unvoreingenommenheit bewußt, deren Unmittelbarkeit und Präzision sich nur mit Kindheitseindrücken vergleichen läßt. Hesse zu lesen bedeutet daher, etwas scheinbar Bekanntes neu zu erleben. Der Rhythmus der Sprache selbst, nicht die Grammatik diktiert seinen Stil und führt zu einer Syntax, in welcher das unbewußte Bild, die Melodie, ihr zugehöriges Wort wiederfindet. Diese auch aller Prosa Hesses eigene Musikalität, die natürliche Anmut des scheinbar Leichten und Selbstverständlichen, die Schlichtheit und Unaufwendigkeit der Mittel, sowie die Reichhaltigkeit der Themen, Motive und Details haben ihm einmal den Vergleich eingetragen, ein Mozart der Literatur zu sein (Emmy Ball-Hennings). Das scheinbar Mühelose, das den Umweg über den Intellekt beim Publikum nicht voraussetzt und beide Künstler vergleichbar populär werden ließ, macht eine solche Gegenüberstellung gar nicht so abwegig. Auf Mozarts musikalischen wie auf Hesses sprachlichen Stil trifft zu, was er 1940 in seinem Gedicht »Prosa« beschrieben hat: »So schlicht, unfeierlich und fast alltäglich / geht seine Prosa! Sie ihm nachzuschreiben / scheint Kinderspiel, doch laß es lieber bleiben, / denn schaust du näher hin, so wird unsäglich / was harmlos einfach schien. Aus Nichtigkeiten wird eine Welt, aus Atem Melodien, / die scheinbar zwecklos und vergnüglich gleiten, / doch sich auf andre mahnend rückbeziehen / und neue, nie erwartete vorbereiten. / ... Wie er es macht, wie er aus diesen simplen / Worten des Tages ohne Zwang und Spreizen / Dichtwerke zaubert voll von tiefen Reizen / und Silben tanzen läßt gleich wehenden Wimpeln, / dies, Freunde, werden wir nie ganz verstehen. / Uns sei genug, mit Ehrfurcht zuzusehen / so wie wir aufs Gebirg und auf die blauen Falter am Bach und auf die Blumen schauen, / die auch, so scheint es, sich von selbst verstehen, / doch Wunder sind für Augen, welche sehen.«

Wie bei jedem Künstler, der aus Notwendigkeit produziert, wird uns auch bei Hermann Hesse bewußt, daß nicht die Dinge kompliziert sind, sondern nur ihre Darstellung, sobald mangelhaft Erlebtes formalistisch oder geistreich wettgemacht werden muß. »Trachten Sie beim Schreiben«, schrieb er 1951 an einen jungen Autor, »vor allem nach Wahrheit, nicht nach Schönheit, die kommt dann von selbst.«

Gleichzeitig aber ist kein anderes Ausdrucksmittel so leicht korrumpierbar wie Sprache. Hat einer wirklich etwas erlebt und ist ihm daraus die eindringlichste, knappste Formulierung zugefallen, so geht es nicht lange, und sie wird kompromittiert durch Schmarotzer, durch politische, klerikale oder Anleihen der Schlager- und Werbetexter. Auf die Frage »Was ist ein Spießer?« hat Ödön von Horváth einmal geantwortet: ein »hypochondrischer Egoist, der jede neue Formulierung verfälscht, indem er sie sich aneignet«. Hier liegt der verborgene Antrieb, der die Erneuerung der Sprache herausfordert; Anreiz und Kraftprobe für jede junge Generation, das alte Unbehagen wirksamer, also neu zu formulieren.

Auch an der Sprache Hesses sind diese Symbiosen nicht spurlos vorbeigegangen. Gerade das Einfache, Sinnlich-Deutliche verlockt leichter zum Mißbrauch als eine distanziert-intellektuellere Optik, die nicht jedermann zugänglich ist und die sich weder in der Werbe- noch in der Unterhaltungsbranche bezahlt machen dürfte.

In diesem Punkt haben es die Ausländer mit Hesse oft leichter als wir. Sie lesen ihn übersetzt. Die Übertragung in andere Sprachen nimmt manchen seiner Wendungen die Dissonanz historisch hinzugekommener Nebenbedeutungen. In der übersetzten Textfassung werden die Inhalte nicht mehr verstellt durch die Zersetzungen, denen manche Formulierungen in der Zwischenzeit ausgesetzt waren. Begriffe wie: »das Gute, das Wahre, Seele, Geist, Weisheit« sind uns unerträglich geworden durch Verzerrungen in Wunschkonzert, Werbung, »Wort zum Sonntag« etc. .. Die Übersetzung in andere Sprachen findet dafür – weil der Zusammenhang, in dem solche Worte bei Hesse stehen, dazu nötigt – neue und unverbrauchtere Bezeichnungen. Im Deutschen von solchen Nebengeräuschen abzusehen und nicht der naheliegenden Annahme aufzusitzen, es sei nun auch das überholt, was diese mittlerweile zur Parodie geschrumpften Vokabeln einmal bezeichnet haben, ist nicht jedermanns Sache.

Uns, den eher analytisch geschulten Lesern der Nachkriegsgeneration, ist meist eine pointiertere, essayistisch durchsetzte Erzählhaltung vertrauter. Daher wird demnächst die analytische Perspektive der in Buchform noch nicht gesammelten kritischen Schriften Hesses und die seiner Briefe um so überraschter entdeckt werden, als sie in scheinbarem Gegensatz zu der ausgewogenen Komplexität seiner poetischen Werke steht. Doch sind diese Schriften nichts als das exakte Spiegelbild, die intellektuelle Gegenprobe zu seinen Dichtungen. Sie beweisen einmal mehr, daß sich unerbittliche Analyse und harmonische Synthese keineswegs ausschließen, sondern sich geradezu bedingen, daß also effektive Dichtung nicht möglich ist ohne realistischen Scharfblick und präzise Formulierung des Unbehagens. Hätte dieser Teil seines literarischen Werkes schon zu Hesses Lebzeiten gesammelt vorgelegt werden können, so wäre das Gerücht und Image vom »Idylliker in der Gartenlaube« wohl kaum so erfolgreich gewesen. Doch warnt Hesse auch in diesen seinen zeitkritischen Schriften immer wieder vor ideologischer Abstraktion, vor sich akademisch gebärdender Tarnung des Reaktionären, ebenso wie vor der Verdrängung des naiven durch das rationale Verhalten. Er schreibt: »Was unser Verstand denkt und sagt, ist ein Fliegenschiß neben dem, was unter der Schwelle an Leben, Beziehungen und Verwandtschaften strömt« . . . »Der einzelne Leser ist meistens wortärmer, aber viel gescheiter als jene öffentliche Meinung, die von einer Schicht substanzloser Intellektualität gebildet wird und die zum Glück nicht so mächtig ist, wie sie es zu sein glaubt.« Wenn sich durch die vielen Hunderte seiner Buchbesprechungen ein roter Faden zieht, dann ist es die Freude an der Mannigfaltigkeit, mit der sich die Welt in den unterschiedlichen Temperamenten der Künstler und an den veränderten historischen Konstellationen bricht. Seine Dankbarkeit dafür bewahrt ihn vor wettbewerbsorientierten Vergleichen und Gegeneinander-Ausspielen der Künstler und ihrer Werke. Die scheinbar so widersprüchliche Einheit der Welt kann ihm im Gegenteil nicht vielfältig genug dargestellt werden. In bewußter Opposition zu den Tendenzen des Kulturbetriebs betrachtete Hesse als die wichtigste Funktion des Künstlers das Schaffen von Alternativen, von Bildern: keine Analyse ohne Synthese; Musizieren, nicht nur Dechiffrieren! »Das Klügeln und Gescheitreden über Kunst und Dichtung«, schreibt er, »ist zum Sport und Selbstzweck geworden, und unter der Begierde, sie durch kritische Analyse zu bewältigen, hat die elementare Fähigkeit zur Hingabe, zum Schauen, zum Lauschen sehr gelitten. Wenn man damit zufrieden ist, einem Gedicht oder einer Erzählung den Gehalt an Gedanken, an Tendenzen, an Erziehlichem oder Erbaulichem abzunötigen, dann ist man mit wenig zufrieden«. . . . »Deuten«, so schreibt er, »ist ein Spiel des Intellekts, ein oft ganz hübsches Spiel, gut für kluge, aber kunstfremde Leute, die Bücher über Negerplastik oder Zwölftonmusik lesen und schreiben können, aber nie ins Innere eines Kunstwerks Zugang finden, weil sie am Tor stehen, mit hundert Schlüsseln daran herumprobieren und gar nicht sehen, daß das Tor ja offen ist.«

Daß es immer wieder die junge Generation ist, die sich von Hesses Werk angezogen fühlt, liegt nicht zuletzt auch an der Thematik seiner Bücher. Alle ihre Figuren verkörpern Stationen eigener Entwicklung, sind abgelegte Häute seines Ich, sind Protokolle der Stationen fortschreitender Individualisierung und Emanzipation. Nahezu die Hälfte seiner Erzählungen und Romane verarbeiten Erinnerungen an Kindheit und Schuljahre, schildern die Spannung zwischen Freiheit und erster Domestizierung, zwischen Gemeinschaft und Individuation, Neugierde und Tabus, instinktiven und konventionellen Verhaltensmustern. Sie schildern Begebenheiten, die in einem Alter erlebt werden, in welchem die Psychologie die nachhaltigsten und für die spätere Entwicklung der Persönlichkeit entscheidenden Engramme und Prägungen zu suchen gelernt hat.

»Hesse weiß viel über die Zeit der Kindheit, der Jugend, der Pubertät«, schreibt Karin Struck, und sie fährt fort: »Das ist mir bei einem Autor dieser Qualität noch nicht begegnet. Ich denke, daß Hesse mehr von Kindern und Jugendlichen weiß als irgendein Kinderarzt oder Psychologe oder Sexualwissenschaftler. Er beschreibt die Zeit der Jugend, in der die Weichen gestellt werden, entweder zu einem Leben der Anpassung, der Duckmäuserei, der Fremdbestimmung durch andere oder zu einem eigenen Leben.«

Daß allen denjenigen, die nicht zu einem selbstbestimmten Leben gekommen sind, eine solche Herausforderung unangenehm sein muß, liegt auf der Hand. Die Kritiker Hesses sind bezeichnenderweise so gut wie nie in der jungen Generation zu finden. Das interessante Kapitel »Hermann Hesse und die Kritik« ist immer noch kein Zeugnis seriöser Literaturwissenschaft, sondern eher eine Illustration des permanenten Konflikts zwischen den Generationen.

Die ersten fünfzehn Jahre von Hesses schriftstellerischer Tätigkeit könnte man mit Marcel Proust geradezu »à la recherche du temps perdu«, als ein Aufarbeiten und peinlich genaues Rekonstruieren dieser frühen Erlebnisse bezeichnen. Erst nachdem sie gestaltet, aus den halbbewußt dämmernden Speichern der Vergangenheit befreit, ins Bild und Bewußtsein der Gegenwart übersetzt waren, erwies sich die Basis als tragfähig genug für alle seine künftigen Entwicklungen und Metamorphosen. Im Gespräch über Künstler und deren Verhältnis zur Tradition und zur eigenen Kindheit hat Hesse gern auf das Beispiel der Bäume verwiesen, die, je höher sie wachsen, desto tiefere und fester verankerte Wurzeln treiben.

Doch hat die intensive Beschäftigung mit Themen der Kindheit, Pubertät und Entwicklung bei ihm noch andere Gründe. Pubertät, also die Notwendigkeit und Bereitschaft zu Wandlung, Veränderung, Differenzierung und Flexibilität, war für ihn nichts Einmaliges, altersmäßig und biologisch Fixiertes, sondern geradezu eine Lebensnotwendigkeit. Hesses gesamte Biographie und folglich auch seine schriftstellerische Entwicklung und Wirkung standen unter diesem Vorzeichen. Sein Freund und Verleger Peter Suhrkamp hat es so beschrieben: »Es gibt unter den lebenden Autoren kaum einen, der so oft seinen eigenen Leichnam hinter sich begrub und jedesmal auf einer anderen Stufe wieder neu anfing. Und jedesmal geschah das aus einer wirklichen und ehrlichen Not heraus, und wenn man die ganze Existenz dann überblickt, ist sie doch eine Einheit geblieben.« Die jeweils von der jungen Generation ausgelösten Hesse-»Renaissancen« der Vergangenheit und auch die künftigen müssen nicht zuletzt mit dieser, aller Weiterdifferenzierung und Evolution offenen Haltung etwas zu tun haben.

In allen seinen Schriften hat sich Hesse ausgewiesen als Anstifter zu humanem Ungehorsam: bei der Scheinheiligkeit des Vietnamkonflikts, der Rassendiskriminierung, der Ablenkung und dummstolzen Verdrängung der Probleme durch patriotischen Weltraumheroismus, der rücksichtslosen Gleichschaltung des Einzelnen in einem immer unmenschlicheren Wettbewerbssystem und der Verkümmerung des Individuums zum spezialisiert-effektiven Serienprodukt. »Es sind«, schreibt er, »eigentlich nur die ›nützlichen‹ Erfindungen, denen ich abgeneigt bin und mißtraue. Bei diesen angeblich nützlichen Errungenschaften ist immer so ein verfluchter Bodensatz dabei, sie sind alle so schäbig, so ungroßmütig, so kurzatmig, man stößt so schnell auf ihren Antrieb, auf die Eitelkeit oder die Habsucht, und überall hinterlassen diese nützlichen Kulturerscheinungen einen langen Schweif von Schweinerei, von Krieg, von Tod, von verheimlichtem Elend. Hinter der Zivilisation her ist die Erde voll von Schlackenbergen und Abfallhaufen. Die nützlichen Erfindungen haben nicht nur hübsche Weltausstellungen und elegante Automobilsalons zur Folge, sondern es folgen ihnen auch Heere von Bergwerksarbeitern mit blassen Gesichtern und elenden Löhnen, es folgen ihnen Krankheiten und Verödung, und daß die Menschheit Dampfmaschinen und Turbinen hat, dafür zahlt sie mit unendlichen Zerstörungen im Bild der Erde und im Bild des Menschen, dafür zahlt sie mit Zügen im Gesicht des Arbeiters, mit Zügen im Gesicht des Unternehmers, mit Verkümmerungen der Seele, mit Streiken und mit Kriegen, während dagegen dafür, daß der Mensch die Violine erfunden und dafür, daß jemand die Arien im Figaro geschrieben hat, keinerlei Preis bezahlt werden muß. Mozart und Mörike haben die Welt nicht viel gekostet, sie waren wohlfeil wie der Sonnenschein, jeder Angestellte in einem technischen Büro kommt teurer.«

Doch hiermit sind die Gemeinsamkeiten, welche die junge Generation mit diesem Autor verbindet, noch nicht erschöpft; sein Haß auf die Angepaßten: »Es gibt nichts so Grausames in der Natur, wie die Normalmenschen«, seine frühe Beschäftigung mit Psychoanalyse (einer nicht angelesenen, sondern einer im Alltag praktizierten und erlebten), sein freies Verhältnis zur Erotik und Sexualität: »Ich gehöre zu den Windbeuteln, welche nicht eine Frau, sondern nur die Liebe lieben.« Auch das sind Haltungen, die mit Gemeinsamkeiten rechnen können. Hinzu kommt, daß dieser Autor dem Leser durch die Darstellung authentischer Krisen nicht nur seine eigene Problematik vor Augen führt und ihn dann im Stich läßt, sondern er führt ihn durch die Krise hindurch und zeigt ihm ihren Sinn. Er wirkt auf sein Publikum als Ansporn, individuelle Eigenarten nicht dem Konsensus anzupassen und sich ihrer als normwidriger Marotten zu schämen, sondern sie im Gegenteil als einmalige Chance anzuerkennen. Nur allzuoft hat sich gerade die neuere Literatur dieser Verantwortung dem Leser gegenüber entzogen. Hesse dagegen stellt sich ihr. Für ihn sind Fiktion und Realität keine Gegensätze, sondern die Fiktion ist für ihn und damit auch für seine Leser ein Mittel, die Realität nicht nur zu erfassen, sondern zu bewältigen. Es spricht, glaube ich, für die nachwachsende Generation, daß sie der Flucht in immer neue, immer heftigere Reize und der zunehmenden Abstumpfung durch manipulierte Sensationen Schriftsteller wie Hermann Hesse vorzuziehen beginnt. Daß gewisse Interessengruppen, ökonomische wie auch solche, die es für politisch progressiv halten, dieses weltweite und keineswegs auf diesen Autor beschränkte Phänomen als »Nostalgie« zu denunzieren, damit Impulse ersticken, von denen vielleicht einmal das Überleben der Industriestaaten abhängen wird, sei hier nur am Rande erwähnt. Auch für den Zukunftsforscher Robert Jungk ist Hesse der »Vorläufer einer Bewegung, die der Menschheit in der Jahrtausendwende ein Nachdenken über andere Ziele und ein Experimentieren mit neuen Lebenshaltungen empfiehlt«. Das bis zum Überdruß abgegriffene Feindbild »Innerlichkeit« wird am Beispiel Hesses geradezu absurd, denn sein »Weg nach Innen« ist immer Ansporn zu Selbstkritik, Wandlung, Evolution und zur Überwindung überlebter Verhaltensmuster, nicht zur Flucht in die Idylle, Vereinfachung, Verallgemeinerung oder in die Hut parteilicher Solidarität.

Es ist ein erstaunliches und – trotz allen parasitierenden Begleiterscheinungen, die wenig mit Hesse zu schaffen haben – letzten Endes erfreuliches Phänomen, daß Bücher, welche für die differenziertesten Bewußtseinsinhalte den einfachsten Ausdruck finden, Auflagen und eine Popularität erzielen, die man sonst nur von Literaturgattungen gewöhnt ist, die sich auf gefährliche Zugeständnisse an den Publikumsgeschmack einlassen. Bedenkt man, daß Hesse zeitlebens die Mittel der Quantität verachtet und statt dessen die der Qualität empfohlen hat, so ist das Quantitative seines Echos von scheinbar absurder Folgerichtigkeit. Daß Mißverständnisse und modische Fehldeutungen dabei eine Rolle gespielt haben, sollte nicht dazu führen, daß man von der Kulisse auf das Stück, von exzentrischen Lesern auf den Autor schließt und somit wieder einen Vorwand hat, die Auseinandersetzung mit der Sache selbst zu umgehen.

Das wirksamste Gegengift gegen Fehlinterpretationen, so zum Beispiel gegen die Benützung Hesses als Nobelpreis-Alibi für Hasch- und Drogenmystizismus, ist allemal Hesse selbst. Daß man über diesen und ähnliche Autoren in Deutschland jahrzehntelang »Innerlichkeits«-Phrasen wiedergekäut hat, daß man in akademischen Kreisen dazu neigt, Verständlichkeit mit Harmlosigkeit zu verwechseln, sollte heute nicht wieder eine Auseinandersetzung verhindern, nur weil sie auf das unbequeme Eingeständnis früherer Versäumnisse hinausliefe. Die Veröffentlichung des Nachlasses wie der Briefe wird dieses Umdenken erleichtern, da nun auch diejenigen auf ihre Kosten kommen werden, für die sich die Funktion des Künstlers in tagespolitischem Engagement erschöpft.

Hesses mittlerweile dritte Lesergeneration war darin unvoreingenommen. Es geht ihr – vor allem im Ausland – mit ihm ähnlich, wie es deutschen Kritikern nach dem Ersten Weltkrieg mit Emil Sinclairs »Demian« erging, als durch den Decknamen das, was Hesse zu sagen hatte, nicht verstellt wurde durch das, was man über ihn zu wissen glaubte. Was eintreten würde, wenn man heute bei uns seine Bücher unter anderem Namen publizierte, dafür hat uns Amerika einen Hinweis gegeben. Ein Grund mehr, Vorurteile zu überprüfen. Auch Kafka (der, wie uns Max Brod überliefert, ein begeisterter Leser Hermann Hesses war) wäre im eigenen Sprachraum noch unbeachtet, hätte ihn Amerika nicht wiederentdeckt. (1972/1976)

Zeittafel

1877 geboren am 2. Juli in Calw/Württemberg als Sohn des baltischen Missionars und späteren Leiters des »Calwer Verlagsvereins« Johannes Hesse (1847–1916) und Marie Hesses, verw. Isenberg, geb. Gundert (1842–1902), der ältesten Tochter des namhaften Indologen und Missionars Hermann Gundert.

1881–1886 wohnt Hesse mit seinen Eltern in Basel, wo der Vater bei der »Basler Mission« unterrichtet und 1883 die Schweizer Staatsangehörigkeit erwirbt (zuvor: russische Staatsangehörigkeit).

1886–1889 Rückkehr nach Calw (Juli), wo Hesse das Reallyzeum besucht.

1890–1891 besucht er die Lateinschule in Göppingen, um sich auf das Württembergische Landexamen (Juli 1891) vorzubereiten, der Voraussetzung für eine kostenlose Ausbildung zum ev. Theologen im »Tübinger Stift«. Deshalb muß er auf sein Schweizer Bürgerrecht verzichten. Im November 1890 erwirbt ihm sein Vater die württembergische Staatsangehörigkeit.

1891–1892 Seminarist im ev. Klosterseminar Maulbronn (Sept. 1891), aus dem er nach 7 Monaten flieht, weil er »entweder Dichter oder gar nichts werden wollte«. (April 1892)

1892 bei Christoph Blumhardt (zum »Teufelaustreiben«) in Bad Boll (April–Mai); Selbstmordversuch (Juni), Aufenthalt in der Nervenheilanstalt Stetten (Juni–August). Aufnahme ins Gymnasium von Cannstatt (Nov. 1892), wo er

1893 im Juli das Einjährig-Freiwilligen-Examen (Obersekundareife) absolviert. »Werde Sozialdemokrat und laufe ins Wirtshaus. Lese fast nur Heine, den ich sehr nachahmte.«

1894–1895 Praktikant in der Calwer Turmuhrenfabrik Perrot.

1895–1898 Buchhändlerlehre bei J. J. Heckenhauer in Tübingen.

1899 beginnt er mit der Niederschrift eines Romans »Schweinigel« (Manuskript noch nicht aufgefunden).
›Romantische Lieder‹ erscheinen bei Pierson, Dresden. ›Eine Stunde hinter Mitternacht‹ erscheint bei Diederichs, Leipzig.

1899–1903 Als Buchhandelsgehilfe in Basel (Buchhandlung R. Reich u. Antiquariat v. Wattenwyl).
H. H. beginnt für die »Allgemeine Schweizer Zeitung« Artikel und Rezensionen zu schreiben, die ihm mehr noch als seine Bücher »einen gewissen lokalen Ruf machten, der mich im gesellschaftlichen Leben sehr unterstützte«.

1901 Erste Italienreise nach Florenz (Genua, Pisa, Venedig).
›Hinterlassene Schriften und Gedichte von Hermann Lauscher‹ erscheinen bei R. Reich, Basel.

1902 ›Gedichte‹ erscheinen bei Grote, Berlin, seiner Mutter gewidmet, die kurz vor Erscheinen des Bändchens stirbt.

1903 Zweite Italienreise (Florenz, Venedig) nach Aufgabe seiner Buchhändler- und Antiquariatstätigkeit; Hesse beendet die Niederschrift des Camenzind-Manuskripts, das er auf Einladung des S. Fischer Verlages nach Berlin sendet.

1904 ›Peter Camenzind‹ erscheint bei S. Fischer, Berlin.

Eheschließung mit Maria Bernoulli, Tochter aus altem Basler Gelehrtengeschlecht. Mit ihr bezieht er im Juli ein leerstehendes Bauernhaus in Gaienhofen am Bodensee, um als freier Schriftsteller und Mitarbeiter von zahlreichen Zeitungen und Zeitschriften zu arbeiten (u. a. »Die Propyläen«, d. i. Münchner Zeitung; »Die Rheinlande«, »Simplicissimus«, »März«; »Der Schwabenspiegel«, d. i. Württemberger Zeitung).
Die biographischen Studien »Boccaccio« und »Franz von Assisi« erscheinen bei Schuster & Löffler, Berlin u. Leipzig.

1905 Geburt des ersten Sohnes, Bruno.

1906 ›Unterm Rad‹ (1903–1904 entstanden) erscheint bei S. Fischer, Berlin. Gründung der liberalen, gegen das persönliche Regiment Wilhelms II. gerichteten Zeitschrift »März« (Verlag Albert Langen, München), als deren Mitherausgeber Hesse bis 1912 zeichnet.

1907 ›Diesseits‹, Erzählungen, erscheinen bei S. Fischer, Berlin.
In Gaienhofen baut und bezieht Hesse ein eigenes Haus »Am Erlenloh«.

1908 ›Nachbarn‹, Erzählungen, erscheinen bei S. Fischer, Berlin.

1909 Geburt des zweiten Sohnes, Heiner.

1910 ›Gertrud‹, Roman, erscheint bei Albert Langen, München.

1911 ›Unterwegs‹, Gedichte, erscheinen bei Georg Müller, München. Geburt des dritten Sohnes, Martin
Indienreise mit dem befreundeten Maler Hans Sturzenegger.

1912 ›Umwege‹, Erzählungen, erscheinen bei S. Fischer, Berlin. Hesse verläßt Deutschland und übersiedelt mit seiner Familie nach Bern in das ehem. Haus des befreundeten Malers Albert Welti.

1913 ›Aus Indien. Aufzeichnungen einer indischen Reise‹ erscheinen bei S. Fischer, Berlin.

1914 ›Roßhalde‹, Roman, erscheint bei S. Fischer, Berlin.
Bei Kriegsbeginn meldet sich Hesse freiwillig, wird aber als dienstuntauglich zurückgestellt und der Deutschen Gesandtschaft in Bern zugeteilt, wo er im Dienst der »Deutschen Gefangenenfürsorge« Hunderttausende von Kriegsgefangenen und Internierte in Frankreich, England, Rußland und Italien mit Lektüre versorgt, Gefangenenzeitschriften (z. B. »Deutsche Interniertenzeitung«) herausgibt, redigiert und einen eigenen Verlag für Kriegsgefangene (»Verlag der Bücherzentrale für deutsche Kriegsgefangene«) aufbaut, in welchem von 1918 bis 1919 22 Bändchen erscheinen.

1914–1919 Zahlreiche politische Aufsätze, Mahnrufe, Offene Briefe etc. in deutschen, schweizerischen und österreichischen Zeitungen und Zeitschriften.

1915 ›Knulp. Drei Geschichten aus dem Leben Knulps‹ (vorabgedruckt bereits 1908) erschienen bei S. Fischer, Berlin.
›Am Weg‹, Erzählungen, erschienen bei Reuß & Itta, Konstanz.
›Musik des Einsamen‹, Neue Gedichte, erschienen bei Eugen Salzer, Heilbronn.

›Schön ist die Jugend‹, Erzählungen, erschienen bei S. Fischer. Der Tod des Vaters, die Krankheit seiner Frau und des jüngsten Sohnes Martin führen zu einem Nervenzusammenbruch. Erste psychotherapeutische Behandlung durch den C. G. Jung-Schüler J. B. Lang bei einer Kur in Sonnmatt bei Luzern.

1919 Die politische Flugschrift ›Zarathustras Wiederkehr. Ein Wort an die deutsche Jugend von einem Deutschen‹, erscheint anonym im Verlag Stämpfli, Bern, 1920 unter dem Namen des Verfassers bei S. Fischer, Berlin.
Übersiedlung nach Montagnola/Tessin in die Casa Camuzzi, die er bis 1931 bewohnt.
›Kleiner Garten‹, Erlebnisse und Dichtungen, erscheint bei E. P. Tal & Co., Wien u. Leipzig.
›Demian. Die Geschichte einer Jugend‹ erscheint unter dem Pseudonym Emil Sinclair bei S. Fischer, Berlin.
›Märchen‹ erschienen bei S. Fischer, Berlin.
Gründung und Herausgabe der Zeitschrift »Vivos voco«, Für neues Deutschtum (Leipzig, Bern).

1920 ›Gedichte des Malers‹. Zehn Gedichte mit farbigen Zeichnungen, erschienen im Verlag Seldwyla, Bern.
›Klingsors letzter Sommer‹. Erzählungen, erschienen bei S. Fischer, Berlin.
›Wanderung‹, Aufzeichnungen mit farbigen Bildern vom Verfasser, erschienen bei S. Fischer, Berlin.

1921 ›Blick ins Chaos‹, zwei Dostojewski-Essays und ein Sprechstück, erschienen im Verlag Seldwyla, Bern.
›Ausgewählte Gedichte‹, erschienen bei S. Fischer, Berlin. Krise mit fast anderthalbjähriger Unproduktivität zwischen der Niederschrift des ersten und des zweiten Teils des ›Siddharta‹. Psychoanalyse bei C. G. Jung in Küsnacht bei Zürich.
›Elf Aquarelle aus dem Tessin‹, erschienen bei O. C. Recht, München.

1922 ›Siddhartha. Eine indische Dichtung‹, erschienen bei S. Fischer, Berlin.

1923 ›Sinclairs Notizbuch‹, erschienen bei Rascher, Zürich. Erster Kuraufenthalt in Baden bei Zürich, wo er sich fortan (bis 1952) am Ende jedes Jahres aufhält.

1924 Hesse wird Schweizer Staatsbürger.
Eheschließung mit Ruth Wenger, Tochter der Schriftstellerin Lisa Wenger.
›Psychologia Balnearia oder Glossen eines Badener Kurgastes‹ erscheint als Privatdruck; ein Jahr später als erster Band in der Ausstattung der ›Gesammelten Werke in Einzelausgaben‹ u. d. T.:

1925 ›Kurgast‹ bei S. Fischer, Berlin.

1926 ›Bilderbuch‹, Schilderungen, erschienen bei S. Fischer, Berlin. Hesse wird als auswärtiges Mitglied in die Sektion für Dichtkunst der Preußischen Akademie der Künste gewählt, aus der er 1931 austritt: »Ich habe das Gefühl, beim nächsten Krieg wird diese Akademie viel zur Schar jener 90 oder 100 Prominenten beitragen, welche das Volk wieder wie 1914 im Staatsauftrag über alle lebenswichtigen Fragen belügen werden.«

1927 ›Die Nürnberger Reise‹ und
›Der Steppenwolf‹ erscheinen bei S. Fischer, Berlin, gleichzeitig – zum 50. Geburtstag Hesses –, die bis heute unübertroffene Hesse-Biographie von Hugo Ball. Auf Wunsch seiner zweiten Frau, Ruth, Scheidung ihrer 1924 geschlossenen Ehe.

1928 ›Betrachtungen‹ und
›Krisis. Ein Stück Tagebuch‹ erscheinen bei S. Fischer, Berlin, letzteres in einmaliger limitierter Auflage.

1929 ›Trost der Nacht‹. Neue Gedichte, erscheinen bei S. Fischer.
›Eine Bibliothek der Weltliteratur‹ erscheint als Nr. 7003 von Reclams Universalbibliothek, Leipzig.

1930 ›Narziß und Goldmund‹, Erzählung, erscheint bei S. Fischer, Berlin.

1931 Eheschließung mit der Kunsthistorikerin Ninon Dolbin geb. Ausländer aus Czernowitz. Mit ihr bezieht Hesse das von H. C. Bodmer erbaute und ihm auf Lebzeiten zur Verfügung gestellte Haus an der Collina d'Oro in Montagnola.
›Weg nach Innen‹. Vier Erzählungen (›Siddhartha‹, ›Kinderseele‹, ›Klein und Wagner‹, ›Klingsors letzter Sommer‹), erschienen bei S. Fischer, Berlin

1932 ›Die Morgenlandfahrt‹ erscheint bei S. Fischer, Berlin.

1932–1943 Entstehung des ›Glasperlenspiels‹.

1933 ›Kleine Welt‹ (Erzählungen aus ›Nachbarn‹, ›Umwege‹ und ›Aus Indien‹ leicht bearbeitet) erscheint bei S. Fischer, Berlin.

1934 ›Vom Baum des Lebens‹. Ausgewählte Gedichte, erscheinen im Insel Verlag, Leipzig.

1935 ›Fabulierbuch‹, Erzählungen, erscheint bei S. Fischer, Berlin.

1936 ›Stunden im Garten‹. Eine Idylle, erscheint bei Gottfried Bermann Fischer, Wien.

1937 ›Gedenkblätter‹ und
›Neue Gedichte‹ erscheinen bei S. Fischer, Berlin.
›Der lahme Knabe‹, ausgestattet von Alfred Kubin, erscheint als Privatdruck in Zürich.

1939–1945 gelten Hesses Werke in Deutschland für unerwünscht. ›Unterm Rad‹, ›Der Steppenwolf‹, ›Betrachtungen‹ u. ›Narziß und Goldmund‹ und ›Eine Bibliothek der Weltliteratur‹ können nicht mehr nachgedruckt werden. Insgesamt waren während der Jahre 1933 – 1945 in Deutschland 20 Hessetitel (einschließlich der Nachdrucke) erhältlich, die im Verlauf der zwölf Jahre eine Gesamtauflage von 481 Tsd. Exemplaren erreichten (eine Auflage, die etwas unter der allein 1972 im deutschen Sprachraum verkauften Zahl der Hesse-Ausgaben liegt), wobei allerdings 250 Tsd. auf das 1943 erschienene Reclam-Bändchen »In der alten Sonne« und 70 Tsd. auf die kleine, 1934 in der Insel-Bücherei erschienene Gedichtauswahl

›Vom Baum des Lebens‹ entfielen. Der Druck des »Glasperlenspiels« wurde 1942 vom Propagandaministerium untersagt.
Die ›Gesammelten Werke in Einzelausgaben‹ werden deshalb in der Schweiz, im Verlag Fretz & Wasmuth, fortgesetzt.

942 ›Die Gedichte‹, erste Gesamtausgabe von Hesses Lyrik, erscheinen bei Fretz & Wasmuth, Zürich.

943 ›Das Glasperlenspiel. Versuch einer Lebensbeschreibung des Magister Ludi Josef Knecht samt Knechts hinterlassenen Schriften. Herausgegeben von Hermann Hesse« erscheinen bei Fretz & Wasmuth, Zürich.

945 ›Der Blütenzweig‹. Eine Auswahl aus den Gedichten; und
›Bertold‹. Ein Romanfragment; und
›Traumfährte‹. Neue Erzählungen und Märchen, erscheinen bei Fretz & Wasmuth, Zürich.

946 ›Krieg und Frieden‹. Betrachtungen zu Krieg und Politik seit dem Jahr 1914, erscheint bei Fretz & Wasmuth, Zürich. Danach erscheinen die Werke Hesses wieder in Deutschland, zunächst im »Suhrkamp Verlag vorm. S. Fischer«, seit 1951 im Suhrkamp Verlag, Frankfurt am Main.
Goethe-Preis der Stadt Frankfurt am Main.
Nobelpreis.

1951 ›Späte Prosa‹ und
›Briefe‹ erscheinen bei Suhrkamp, Frankfurt am Main.

1952 ›Gesammelte Dichtungen‹ in sechs Bänden als Festgabe zum 75. Geburtstag erscheinen bei Suhrkamp, Frankfurt am Main.

1954 ›Piktors Verwandlungen‹. Ein Märchen, faksimiliert, erscheint bei Suhrkamp, Frankfurt am Main.
›Briefe: Hermann Hesse-Romain Rolland‹ erscheinen bei Fretz & Wasmuth, Zürich.

1955 ›Beschwörungen‹, Späte Prosa/Neue Folge bei Suhrkamp, Frankfurt a. M.
Friedenspreis des Deutschen Buchhandels.

1956 Stiftung eines Hermann Hesse-Preises durch die Förderungsgemeinschaft der deutschen Kunst Baden-Württemberg e. V.

1957 ›Gesammelte Schriften‹, in sieben Bänden, erscheinen bei Suhrkamp, Frankfurt am Main.

1961 ›Stufen‹, alte und neue Gedichte in Auswahl, erscheinen bei Suhrkamp, Frankfurt am Main.

1962 ›Gedenkblätter‹ (um fünfzehn Texte erweitert gegenüber der 1937 erschienenen Ausgabe).
9. August: Tod Hermann Hesses in Montagnola.

1962 ›Hermann Hesse zum Gedächtnis‹, Privatdruck des Suhrkamp Verlags, Frankfurt am Main.
›Hermann Hesse. Eine Bibliographie‹ von Helmut Waibler erscheint im Francke Verlag, Bern und München.

1963 ›Die späten Gedichte‹ erscheinen als Band 803 der Insel-Bücherei des Insel Verlags, Wiesbaden.

1964 ›Briefe‹. Erweiterte Ausgabe, erscheinen bei Suhrkamp Frankfurt a. Main

1965 ›Prosa aus dem Nachlaß‹ erschienen bei Suhrkamp,
›Neue deutsche Bücher‹, Literaturberichte für Bonniers Litterära Magazin 1935 bis 1936, erschienen in der Turmhahn-Bücherei des Schiller-Nationalmuseums, Marbach.

1966 ›Kindheit und Jugend vor Neunzehnhundert. Hermann Hesse in Briefen und Lebenszeugnissen 1877 bis 1895‹, erschienen im Suhrkamp Verlag, Frankfurt am Main.

1968 ›Hermann Hesse – Thomas Mann. Briefwechsel‹, erschienen im Suhrkamp und im S. Fischer Verlag, Frankfurt am Main.

1969 ›Hermann Hesse – Peter Suhrkamp, Briefwechsel‹ erschienen im Suhrkamp Verlag, Frankfurt am Main.

1970 ›Hermann Hesse – Werkausgabe‹,
›Politische Betrachtungen‹
und ›Schriften zur Literatur‹, erschienen im Suhrkamp Verlag, Frankfurt am Main.

1971 ›Hermann Hesse – Helene Voigt-Diederichs. Zwei Autorenportraits in Briefen‹, erschienen,bei Diederichs, Köln, als Privatdruck in einmaliger Auflage.
›Lektüre für Minuten‹, Gedanken aus seinen Büchern und Briefen;
›Mein Glaube‹. Eine Dokumentation und
›Hermann Hesse – Sprechplatte‹, erschienen bei Suhrkamp, Frankfurt am Main.

1972 ›Eigensinn‹. Autobiographische Schriften.
›Materialien zu Hermann Hesse, Der Steppenwolf‹ erschienen bei Suhrkamp, Frankfurt am Main.
›D'une rive à l'autre. Hermann Hesse et Romain Rolland. Correspondance, fragments du Journal et textes divers‹ erschienen bei Albin Michel, Paris.
›Hermann Hesse – Karl Kerényi. Briefwechsel aus der Nähe‹, erschienen bei Langen-Müller, München u. Wien.

1973 ›Gesammelte Briefe, erster Band: 1895 bis 1921‹
›Die Kunst des Müßiggangs‹. Kurze Prosa aus dem Nachlaß,
›Die Erzählungen‹, erste Gesamtausgabe der wichtigsten Erzählungen,
›Materialien zu Hermann Hesse, Das Glasperlenspiel‹ Bd. 1, erschienen bei Suhrkamp, Frankfurt am Main.
›Hermann Hesse, Traktat vom Steppenwolf, und andere Texte‹, Sprechplatte der Deutschen Grammophon-Gesellschaft, Hamburg.
›Hermann Hesse und der Ferne Osten‹ erschienen bei Büchergilde Gutenberg, Frankfurt a. Main.
›Hermann Hesse-Bibliographie; Primär- und Sekundärschrifttum in Auswahl‹ von Martin Pfeifer erscheint im Erich Schmidt Verlag, Berlin.
›Hermann Hesse, eine Werkgeschichte‹, erschienen bei Suhrkamp, Frankfurt a. Main.

Abbildungsnachweis

Fritz Eschen, Berlin-Wilmersdorf 1
H. Fuchs, Calw 2, 6, 8, 10
Schiller-Nationalmuseum, Marbach 3, 5, 14, 20, 23, 26, 28, 31, 32, 33, 36, 38, 42, 43, 44, 46, 53, 58, 60, 73, 79, 81, 89, 98, 99, 103, 105, 106, 108, 111, 112, 114, 116, 117, 117a, 118, 118a, 119, 120, 121, 122, 125, 130, 131, 132 135, 136, 142, 143, 145, 149, 166, 167, 169, 172, 173, 174, 177, 178, 182, 184, 185, 191, 201
Sammlung Eleonore Vondenhoff, Frankfurt am Main 4, 11, 12, 17, 18, 19, 175
Bildarchiv des Suhrkamp Verlags, Frankfurt am Main 7, 13, 16, 21, 29, 30, 76, 83, 84, 85, 86, 90, 92, 100, 101, 107, 109, 115, 123, 124, 138, 139, 140, 144, 147, 148, 153, 154, 155, 156, 157, 158, 159, 160, 162, 181, 183, 199, 206, 207, 208, 214
Aus Privatbesitz 9, 25, 35, 48, 56, 72, 74, 126, 152, 164, 176, 194, 203, 213, 217, 218
Kurt Ziegler, Calw 15
Württembergische Landesbibliothek, Stuttgart 22
Landesbildstelle Württemberg 24
J. J. Heckenhauer, Tübingen 27
Stadtarchiv, Basel 34
Bildarchiv des Fischer Verlags, Frankfurt am Main 37, 94, 104
dpa, Frankfurt am Main 39, 66, 97, 129, 165, 168, 187, 189, 190, 198, 202
Martin Hesse, Bern 45, 69, 70, 77, 78, 82, 88, 91, 110, 113, 128, 133, 137, 141, 146, 150, 151, 163, 179, 180, 186, 192, 193, 197, 200, 204, 210, 211, 215, 216
Bundesbildstelle, Bonn 52
Heiner und Isa Hesse, Küsnacht 55, 95, 96, 195, 196, 209
Stadtarchiv, München 59, 68
Hilde Schoeck, Zürich 61
Dagny Gulbransson, Tegernsee 65, 64, 161
Historisches Bildarchiv, Lolo Handtke, Bad Berneck 67
Zentralbibliothek, Zürich 71, 75
Kurt-Tucholsky-Archiv, Rottach-Egern 80
Hauptstaatsarchiv, Stuttgart 87
Jochen Greven, Frankfurt am Main 93
Prof. Gunter Böhmer, Stuttgart 102, 170, 171, 188
Bildarchiv des Eugen Diederichs Verlags, Köln 127
Archiv Gescher-Ringelnatz, Berlin 134
Diogenes Verlag, Zürich 201
Pedrett, St. Moritz 205
Lutz Kleinhans, Frankfurt am Main 212

Leben und Werk

Bertolt Brecht. Leben und Werk im Bild. it 406

Hans Carossa, Leben und Werk im Bild
Herausgegeben von Eva Kampmann-Carossa. it 348

Hermann Hesse. Leben und Werk im Bild
Von Volker Michels. Mit dem »Kurzgefaßten Lebenslauf« von Hermann Hesse. it 36

Hölderlin. Chronik seines Lebens mit ausgewählten Bildnissen
Herausgegeben von Adolf Beck. it 83
– Dokumente seines Lebens
Briefe, Tagebuchblätter, Aufzeichnungen. Herausgegeben von Hermann Hesse und Karl Isenberg. it 221

Ödön von Horváth. Leben und Werk in Daten und Bildern
Herausgegeben von Traugott Krischke und Hans F. Prokop. it 237

Gertrud von le Fort. Leben und Werk in Daten, Bildern und Zeugnissen. Von Gisbert Kranz. it 195

Novalis. Dokumente seines Lebens und Sterbens
Herausgegeben von H. Hesse und K. Isenberg. it 178

Rainer Maria Rilke. Leben und Werk im Bild
Mit einer biographischen Einführung und einer Zeittafel.
Von Ingeborg Schnack. it 35

Schiller. Leben und Werk in Daten und Bildern
Ausgewählt und erläutert von Bernhard Zeller und Walter Scheffler. it 226

Reinhold Schneider. Leben und Werk im Bild
In Selbstzeugnissen und Worten der Mitlebenden von Edwin Maria Landau, Maria van Look, Bruno Stephan Scherer. it 318

Biographien, Monographien

Lou Andreas-Salomé. Lebensrückblick
Grundriß einiger Lebenserinnerungen. Aus dem Nachlaß herausgegeben von Ernst Pfeiffer. it 54

Alban Berg. Leben und Werk in Daten und Bildern
Herausgegeben von Erich Alban Berg. it 194

Arnold Böcklin. Leben und Werk in Daten und Bildern
Herausgegeben von Lutz Tittel in Zusammenarbeit mit Wolfgang Grindenau, Roland Jaeger und Cornelius Steckner. it 284

Marian Brandys. Maria Walewska
Napoleons große Liebe. it 24

Chateaubriand. Das Leben des Abbé de Rancé
Herausgegeben und aus dem Französischen übersetzt von Emil Lerch. Mit einem Vorwort von Roland Barthes und zeitgenössischen Bildern. it 240

Jean Cocteau. Colette/Fernand Desonay. Cocteau
Zwei Reden aus Anlaß der Aufnahme von Jean Cocteau in die Académie Royale de Langue et de Littérature Françaises de Belgique. Herausgegeben von Edwin Maria Landau. it 306

Duff Cooper, Talleyrand
Aus dem Englischen übertragen von Karl Lerbs. Mit Bilddokumenten, einem Nachwort, einer Bibliographie und einer Zeittafel. it 397

Hölderlins Diotima Suzette Gontard
Herausgegeben von Adolf Beck. Mit zeitgenössischen Illustrationen. it 447

Adele Gundert. Marie Hesse
Ein Lebensbild in Briefen und Tagebüchern. Mit einem Essay von S. Greiner. Illustriert von Gunter Böhmer. it 261

Marie Luise Kaschnitz. Die Wahrheit, nicht der Traum
Das Leben des Malers Courbet. Mit acht Abbildungen. it 327

Justinus Kerner. Bilderbuch aus meiner Knabenzeit
Mit vielen zeitgenössischen Illustrationen. Herausgegeben und erläutert von Günter Häntzschel. it 338

Biographien, Monographien

Heinrich von Kleist. Geschichte meiner Seele
Das Lebenszeugnis der Briefe. Herausgegeben von Helmut Sembdner. it 281

– Leben und Werk im Bild
Herausgegeben von Eberhard Siebert. it 371

Max Klinger. Leben und Werk in Daten und Bildern
Herausgegeben von Stella Wega Mathieu. it 204

Michelangelo. Leben und Werk in Daten und Bildern
Herausgegeben von Harald Keller. it 148

Heinrich W. Petzet. Das Bildnis des Dichters. Rainer Maria Rilke/Paula Becker-Modersohn
Eine Begegnung. Mit farbigen Abbildungen it 198

Ludwig Richter. Lebenserinnerungen
Mit Holzschnitten von Ludwig Richter. it 464

Philipp Otto Runge. Leben und Werk in Daten und Bildern
Herausgeber Stella Wega Mathieu. Mit farbigen Abbildungen it 316

George Sand. Geschichte meines Lebens
Aus ihrem autobiographischen Werk. Ausgewählt und mit einer Einleitung versehen von Renate Wiggershaus. it 313

Voltaire. Geschichte Karls XII.
Aus dem Französischen übersetzt von Theodora van der Mühll. Mit einem Nachwort von Carl J. Burckhardt und alten Illustrationen. it 317
– Leben und Werk in Daten und Bildern
Herausgegeben von Rudolf von Bitter. Voltaire 1694–1778 zum 200. Todestag. it 324

Richard Wagner. Leben und Werk in Daten und Bildern
Herausgegeben von Dietrich Mack und Egon Voss. it 334

Ästhetik, Kunst, Musik

Alban Berg. Leben und Werk in Daten und Bildern
Herausgeber Erich Alban Berg. it 194

Arnold Böcklin. Leben und Werk in Daten und Bildern
Herausgeber L. Tittel. Vierfarbendruck. it 284

Caspar David Friedrich. Auge und Landschaft
Zeugnisse in Wort und Bild. Mit farbigen Abbildungen, Interpretation von G. Eimer und Zeugnisse von Carus, Körner, Tieck, Runge, Kleist. it 62

Paul Gauguin. Noa-Noa
Mit vierfarbigen Abbildungen. it 478

Karl Hofer. Leben und Werk in Daten und Bildern
Herausgegeben von Elisabeth Furler. Mit einer Einleitung von Ursula Feist. it 363

Max Klinger. Leben und Werk in Daten und Bildern
Herausgegeben von Stella Wega Mathieu. it 204

Michelangelo. Leben und Werk in Daten und Bildern
Herausgeber H. Keller. Mit farbigen Abbildungen. it 148
– Zeichnungen und Dichtungen
Ausgewählt und kommentiert von Harald Keller. Übertragung der Dichtungen von Rainer Maria Rilke. Mit einem Essay von Thomas Mann. Mit Abbildungen. it 147

Aus der Kunst des polnischen Volkes
Stücke der Sammlung Ludwig Zimmerer in Warschau
Herausgegeben von W. Fleckhaus. it 448

Philipp Otto Runge. Leben und Werk in Daten und Bildern
Herausgeber Stella Wega Mathieu. Mit farbigen Abbildungen
it 316

Dolf Sternberger. Über Jugendstil
Mit farbigen Abbildungen. it 274

Sternbild Skorpion
Aus einem alten Schicksalsbuch
Mit 34 farbigen Miniaturen. Herausgeber B.D. Haage. it 479

Ästhetik, Kunst, Musik

Richard Wagner. Ausgewählte Schriften
Herausgegeben von Dietrich Mack. Mit einem Essay von Ernst Bloch. it 66
– Leben und Werk in Daten und Bildern
Herausgeber Dietrich Mack und Egon Voss. it 334

Insel taschenbücher
Alphabetisches Verzeichnis